历史的丰碑丛书

科学家卷

人间的普罗米修斯 富兰克林

王 兵 编著

吉林人民出版社

图书在版编目(CIP)数据

人间的普罗米修斯：富兰克林 / 王兵编著 . -- 长
春：吉林人民出版社，2011.4（2025.4 重印）
（历史的丰碑丛书）
ISBN 978-7-206-07674-9

Ⅰ.①人… Ⅱ.①王… Ⅲ.①富兰克林，
B.（1706～1790）－生平事迹 Ⅳ.① K837.127=4

中国版本图书馆 CIP 数据核字 (2011) 第 037128 号

人间的普罗米修斯 富兰克林
RENJIAN DE PULUOMIXIUSI　FULANKELIN

编　　著：王　兵
责任编辑：刘　涵　　　　　封面设计：孙浩瀚
制　　作：吉林人民出版社图文设计印务中心
吉林人民出版社出版 发行（长春市人民大街7548号　邮政编码:130022）
印　　刷：北京一鑫印务有限责任公司
开　　本：787mm×1092mm　1/16
印　　张：8　　　　　　　字　　数:72千字
标准书号：ISBN 978-7-206-07674-9
版　　次：2011年4月第1版　印　　次:2025年4月第3次印刷
定　　价:35.00 元

编者的话

"欲知大道，必先为史"。

回溯人类的足迹，人们首先看到的总是那些在其各自背景和时点上标志着社会高度和进步里程的伟大人物。他们是历史的丰碑，是后世之鉴。

黑格尔说："无疑，一个时代的杰出个人是特性，一般说来，就反映了这个时代的总的精神。"普希金说："跟随伟大人物的思想是一门引人入胜的科学。"

以史为鉴，面向未来。作为21世纪的继往开来者，我们觉得，在知史基础上具有宽广的知识结构、开阔的胸襟和敏锐的洞察力应是首要的素质要求，而在历史的大背景中追寻丰碑人物的思想、风范和足迹，应是知史的捷径。

考虑到现代人时间的宝贵，我们期盼以尽量精短的篇幅容纳尽量丰富的信息，展现尽量宏大的历史画卷和历史规律。为此，我们编撰了这套丛书。

编撰丛书的过程，也是纵览历代风云、伴随伟人心路、吸收历史营养的过程。沉心于书页，我们随处感受着各历史时期伟大人物所体现的推动历史进步的人类征服力量。我们随着伟人命运及事业的坎坷与辉煌而悲喜，为他们思想的深邃精湛、行为的大气脱俗而会意感慨、拍案叫绝。

然而，在思想开始远游和精神获得享受的同时，我们也随之感受到历史脚步的沉重

和历史过程的曲折。社会每前进一步都是艰难的，都伴随着巨大的痛苦和付出。历史的伟大在于它最终走向进步，最终在血污中诞生了鲜活的"婴孩"。

历史有继承性和局限性，不能凭空创造。伟人也有血肉，他们的思想、行为因此注定了同样具有历史的局限性和阶级的、时代的烙印；他们的功业建立于千千万万广大人民群众伟大创造的基础上。历史是人民群众创造的，伟大的人物们是历史和时代造就的。同时，我们也无法否定此间他们个人的努力。这也正是我们编撰这套丛书的目的。

我们期盼着这套丛书得到社会的认同，对读者，特别是青少年读者之历史感、成就感和使命感的培养有所裨益。史海浩瀚，群星璀璨。我们以对广大青少年读者负责的精神，精心遴选，以助力青少年成长进步，集结出版了《历史的丰碑》系列丛书，敬请读者批评、指正。

历史的丰碑丛书

编 委 会

策　划：　胡维革　　吴铁光
　　　　　林　巍　　冯子龙

主　编：　胡维革　　邢万生

副主编：　贾淑文　　谷艳秋

编　委：　（按姓氏笔画为序）
　　　　　于二辉　　刘士琳
　　　　　刘文辉　　孙建军
　　　　　李艳萍　　吴兰萍
　　　　　杨九屹　　隋　军

本杰明·富兰克林是18世纪美国一位伟大的科学家，杰出的技术专家，同时又是一位殷实的实业家，开明的社会活动家和深刻的思想家。他通过观察自然、潜心研究科学问题，勇敢地向大自然的奥秘挑战。他因从天空引下了雷电，被称为"人间的普罗米修斯"；又因回答了"电为何物"的问题，提出了"正电"和"负电"的概念等一系列关于电学的研究，使他成为蜚声世界的划时代的科学技术大师，被美国人尊称为"科学之父"。

此外，富兰克林在光学、热学、声学、数学、海洋学和植物学等方面也很有研究，同时还在避雷针、新式炉具、双焦距眼镜、自动烤肉机等方面进行过一系列发明创造。

他参加了北美独立解放运动，是1776年美国《独立宣言》的起草者之一，积极参加制定美国宪法的工作，是反对奴役黑人的最早倡导者。

富兰克林，是一个值得人们怀念的美国人。

目　录

自学铸就了科学天才

> 我们再次强调，一个人成就的决定性因素，乃是由他自身才干激发产生的一种自信。
> ——鲍威尔
> 伟大的热情能战胜一切。一个人只要强烈地坚持不懈地追求，他就能达到目的。
> ——司汤达

　　本杰明·富兰克林，1706年1月17日生于美国马萨诸塞州府波士顿城，他是一个制作肥皂和蜡烛的穷人家的第10个孩子。

　　美丽的波士顿，位于美国东北部马萨诸塞湾的东部，巨大的科德角半岛像屏风一样挡住了来自加勒比及中南美洲的风浪，使波士顿成为美国东北部的天然良港及物资集散地。

　　然而，在18世纪初包括波士顿在内的美国东北部6个州属于英国殖民地，俗称新英格兰。富兰克林一家为了摆脱非国教信徒在英格兰的非法地位，大约在17世纪80年代漂洋过海来到北美。富兰克林的父亲约赛亚原来是一个染匠，来到北美后，他发现染色业生意清淡难以维持一家的生计，便改行制作肥皂和蜡烛出售。约赛亚虽然贫穷却乐天善良，天资颖悟，交结一些明智通达的朋伴，常常在家中就一些话题展开讨论。通过这些，约赛亚的孩子们的智力得到了增长，朋友

←富兰克林出生在马萨诸塞州波士顿市米尔克街的这座房子里

伙伴们的接济，也使富兰克林一家得以温饱度日。

在富兰克林一家在北美定居的第24个年头，小富兰克林出生了。约赛亚夫妇十分钟爱这个最小的儿子，因此在富兰克林8岁时，他们就送他进了学校。不到一年，富兰克林便从一年级的中等生跃为全年级之冠，并提前升入二年级。然而，客观状况使约赛亚改变了初衷，沉重的家庭负担使他不得不考虑儿子高昂的学费，况且许多受过高等教育的人到头来还是仍然穷困潦倒。

约赛亚踌躇再三，终于在富兰克林10岁时终止了他的学业。

就这样，富兰克林只接受了两年的正规教育，但这并未妨碍富兰克林成为一个伟人。

辍学回家的富兰克林放下恋恋不舍的书包，帮助父亲用牛油制作肥皂和蜡烛，干些剪烛芯，浇灌烛模，站柜台和打杂跑街等杂活。尽管小富兰克林不喜欢干这一行，但是他知道家里的状况，所以只是自己抽出时间来埋头读书。

时光荏苒，转瞬间小富兰克林工作已经两年，父亲决定为儿子择业学徒了。他希望聪明的小儿子能够子继父业，但是小富兰克林的远大志向又使他不敢过于专断，加上让富兰克林辍学的内疚，他决心让孩子

←富兰克林在父亲的蜡烛店里往模具里浇注动物油脂

选一个心爱的职业。

　　为了满足小儿子那读书的热望，约赛亚决定让富兰克林做一名印刷工匠。只有在印刷所才有读不完的书籍，那里会让富兰克林满意的。当父亲兴冲冲地把这个决定告诉儿子时，儿子的冷漠却使他感到吃惊……

原来，富兰克林一心渴望去航海。每有闲暇，他总是跑到波士顿海边，望着大海的那边痴痴地发呆。书上告诉他，大海的那边还有一个神奇的世界，还有无穷无尽的事物，还生活着操各种语言的人们。约赛亚一听儿子的回答，马上就暴怒起来。他的另一个儿子就逃到海上做水手去了，这件事让他伤心不已。约赛亚不愧是一个慈父，他讲道理，苦哀求，终于使富兰克林服从了他的安排，到詹姆斯的印刷所当起了学徒工。

其实，世界上有两个大海都是无穷无尽的。一个是无边无际的天然海洋，另一个是浩瀚广袤的知识海洋。天然的大海就在波士顿城郊西边的港口，知识的海洋则静静地躲在书里，只有善于并热衷于思考的人们才能发现它。富兰克林放弃了漂洋渡海的水手梦想，却一头沉进了知识的海洋，这是一次真正的远航。正像著名作家迈克尔·H·哈特所说的："他在地球上走完了一个漫长的、动人心弦的、有价值的、丰富多彩和基本上幸福的人生旅程。"

富兰克林的同父异母哥哥詹姆斯·富兰克林，是一个颇通文墨的印刷工匠。1717年，他从英格兰老家带回一台印刷机和许多铅字，在波士顿开办了印刷所。他以老板的身份和12岁的弟弟签订了学徒合同，按照

←12岁的富兰克林

这份合同，小富兰克林学习印刷手艺直到21岁出徒。

学徒期间，只得到膳宿和衣服，直到出徒前一年，才

能得到普通工人的最低工资。

当时，波士顿仅有12000人口，却有几家印刷所，所以印刷生意竞争很激烈。起初，詹姆斯的生意十分清淡，后来他承揽了报纸印刷业务，印刷所才稳步发展起来。

心灵手巧的富兰克林很快就掌握了印刷技术，成了哥哥的好帮手。1721年8月，哥哥詹姆斯在朋友的撺掇下，办起了自己的报纸《新英格兰报》。哥哥忙于办报编务，弟弟则承担起印刷所的全部工作。无论做什么事，富兰克林都以一丝不苟的态度去认真对待，所以进步很快。从捡字拼版到调墨润色，富兰克林样样精通。经他手印制的图书报纸，精美整洁，很少有漏字脱墨和套色不准的情况。富兰克林学得一手整洁娟秀的好字，他制作的版式受到文化阶层的赞誉。很多人都到富兰克林的印刷所印制东西，业务扩展很快。

富兰克林通过捡字工作，学会了许多原来不认识的文字，最终完成了自己的初等教育；通过校对修版，了解了波士顿一些作家的写作风格，知晓了优美的文章是经过反复修改以后才形成的道理。

印刷所的学徒及实践，使富兰克林弥补了过早辍学的缺陷，他在"印刷所学校"获得了一般人得不到的"文凭"。

← 刚到费城的富兰克林

→富兰克林与哥哥

詹姆斯哥哥看到弟弟能够独当一面，心里十分高兴，自己便把精力集中在办报上。《新英格兰报》声誉不断提高，销路更广，詹姆斯的朋友们为报纸撰稿，富兰克林则把精心印出来的报纸送到城里各处的订户家中。兄弟俩相得益彰，报纸影响越来越大。这一切使富兰克林兄弟成了新英格兰地区众目集中的焦点。

富兰克林基本上是一名自学成才者。他通过广泛而扎实的阅读弥补了自己知识的不足，借助反复而深邃的思维登上了学术界的殿堂。

富兰克林首先把自己家里的藏书都读了一遍，再用自己积攒的一点零花钱购买书籍，像英国散文家班扬的《天路历程》、柏顿的《历史文集》。他还读过古希腊学者普鲁塔克的名著《希腊罗马名人传》，笛福的《计划论》等著作。

开始印刷学徒生活之后，富兰克林结识了几个书店的学徒和藏书爱好者，他常在晚间向人借书，彻夜阅读，第二天一早便送还，并且留心保持书的清洁，从不污损，因此，有书的人都乐于借书给他。

富兰克林的自学是从哲学人文科学领域开始的，奠定了良好的学习基础之后，才逐步涉猎自然科学和工艺技术，最后成为一个博学家。

后来，富兰克林听说波士顿城里有一个聪明好学名叫柯林斯的孩子，就主动与他交往。两位睿智少年结成了一对爱智慧的伙伴，他们交流学习心得，交换对某一本书的看法，竞赛般地多读书，这一切成了他们飞速进步的直接动力。

一次，富兰克林与柯林斯就妇女与教育问题进行争辩，到了分手的时候，柯林斯逐渐占了上风，然而富兰克林认为柯林斯不是靠强有力的论据，而是以善辩、流畅的口才压倒了自己，于是便把自己的观点写在纸上，从此两位辩手书信往来，积累了一些作品。富兰克林的父亲无意中看到了儿子的信稿，他表扬了儿子的拼法和标点，但指出了他的修辞和逻辑方面的不足，富兰克林心悦诚服地接受了父亲的意见，决心要努力改进自己的写作。

就是在当学徒的这段时间里，富兰克林把在学校里两次考试不及格的算术学了一遍，他根据印刷所印制的算术练习册，先后反复多次演算各类习题，直到熟能生巧为止。当时，作为英国殖民地的新英格兰地区使用的是著名数学家柯克的算术教科书。这本书逻辑严谨，循序渐进，同时又风趣幽默，具有很强的实用性。这一切成为开发小富兰克林数学才能的金钥匙。

18世纪初，欧洲科技刚刚摆脱神学的束缚，英国产业革命正在孕育之中。牛顿经典力学刚刚确立它那科学王座的历史地位。富兰克林一家移民新英格兰的第5年，《自然哲学之数学原理》第一版刚刚问世；富兰克林1岁时，牛顿又出版了他著名的数学著作《算术大全》，其中提出了"虚根"的概念及其计算法则。

在富兰克林出生前后，英国人才研制出稍大一点功率的静电起电机；而化学的"燃素说"刚刚获得统治化学理论界的地位；天文学上哈雷首次利用万有引力定律推算出一颗彗星的轨道和周期，预测它约每76年绕太阳运转一周。

富兰克林同近代科学技术一起度过童年。

除了学习算术之外，富兰克林又读了赛勒利舍尔梅关于航海的书，并从这些实用的航海用书里，接触

　　并掌握了几何学知识，这使富兰克林的自学进入了一个崭新的境界。

　　作为一个热爱生活的人，在图书的引导下，富兰克林对丰富多彩、变化万千的外部世界一直怀着浓厚的兴趣。出于他那永无止境的求知欲和好学不倦的敬业精神，他又开始了对大自然的不懈探索。

　　天道酬勤。仅仅上过两年学的少年富兰克林在早早地自己去挣面包的同时，以非凡的毅力和艰苦的斗志，汲取着文化知识的养分，不自觉地修筑了走向未来辉煌之路的梯级。

←富兰克林雕像

酷爱写作的工匠

墨磨日短，人磨日老。寸阴是竞，尺璧勿宝。

——黄兴

一个作家的人格比他的才能和作品更重要，更能感染人，影响人。

——歌德

富兰克林一生酷爱写作，乐此不疲，十几岁时就表现出强烈的创作欲。他热爱生活，讴歌人生，留下了大量珍贵的著作及思想，不愧是人类伟大的启蒙思想家。

在波士顿詹姆斯印刷所时，在哥哥鼓励下，他曾写了两首诗。一首题为"灯塔的悲剧"，叙述一位名叫华萨雷的船长和他的两个女儿沉船遇难的真实故事；另一首是"水手之歌"。詹姆斯看完以后，大加赞赏，不惜花费工钱料钱，将这两首诗印成折页，让印刷工人和富兰克林去沿街兜售叫卖。结果，"灯塔的悲剧"销路很好，加印几次，仍然不够。

有一天，富兰克林买到了《旁观者》第三期，读

了之后，认为其中文章"写得极好"，便想当作样板来模仿。他选出其中的几篇，将每句的大意摘要记录下来，搁置几天后，再用自己的话把文章复原出来，然后再将它与原文做比较，以便发现自己的缺点，加以修正。富兰克林随后又用不同的文体重新表达，再与原文比较，改正自己的不足。通过学习如何整理思想使文章具有条理性的实践，使富兰克林的写作有了巨大的进步。

在欧美社会，人们十分钦慕善于运用修辞和逻辑进行演讲和论辩。一次，富兰克林偶然在一本英语语法书的附录里发现了两篇关于修辞法和逻辑学的简介文章，通过研读，他对苏格拉底产生了兴趣，此后不

←富兰克林创立的订阅图书馆

久，他攒钱买了一部色诺芬的《苏格拉底回忆录》，加以研究。书中记载的苏氏运用对话法进行论辩的实例，深深吸引了富兰克林。从此，富兰克林放弃了自己以往生硬反驳和武断立论的辩论方式，而采取一种谦逊的、探讨的口吻。后来，经过不断的磨炼和实践，富兰克林写得一手漂亮得体的论辩文章，演讲也受到各方面人士的欢迎。

富兰克林的处女作是匿名在哥哥詹姆斯的《新英格兰报》上发表的。当时，詹姆斯不顾朋友们的反对，请人为报纸写些短文作为消遣，而这些文章使报纸的声誉迅速提高。看到报纸上的文章大受群众欢迎，富兰克林不禁怦然心动，自己何不也在报纸上一试身手呢？

为了避免别人把他的作品看成是一个孩子的儿戏之作，富兰克林将写好的稿子偷偷地塞进印刷所的大门。第二天早晨，大家发现后把它拿到编辑部讨论，文章居然得到了大家的赞许。詹姆斯及其他编辑纷纷猜测是文化界的佼佼者所为，所以予以全文发表。后来，富兰克林还匿名发表了一系列作品，人们以为《新英格兰报》重金聘请了一位文坛高手。

不久，由于《新英格兰报》倡导自由抨击时政，詹姆斯哥哥被捕入狱一个多月，后来由医生出具证明

←富兰克林在自己的印刷所里展示印刷机

说犯人的健康受到监禁的伤害，詹姆斯才获得自由……在哥哥被捕的日子里，富兰克林独自继续出版报纸，他在声援哥哥的文章中说出了自己的心声："没有思想自由就没有智慧；没有言论自由就没有公众自由，而这些是每一个人的权利。谁要颠覆一个国家的自由，必先压制言论自由。"据说，马克思在后来看到这一段论述时，曾慨言："自由是人民的圣经。"

少年时代的读书和写作为富兰克林的思想形成奠

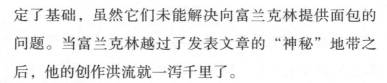

定了基础，虽然它们未能解决向富兰克林提供面包的问题。当富兰克林越过了发表文章的"神秘"地带之后，他的创作洪流就一泻千里了。

1724年，为了独立开业购买印刷设备，富兰克林赴英国伦敦逗留19个月，这使他接触了正处于蓬勃发展的欧洲社会文化政治中心的状况。他首次在欧洲发表了《自由与贫困，快乐与痛苦论》，这比法国启蒙思想家卢梭发表"主权在民"的著作还早。

青年时代的富兰克林热衷写作，曾创办过一份《宾夕法尼亚报》，撰写了大量的文章。通过广泛地评论社会公共事务，最早涉猎了经济学领域，发表了《试论纸币的性质和必要性》等论文。

1732年，富兰克林出版《穷理查历书》史称《致富格言》，他创造性地把自己的思想观点写在历书上发售，受到人们的普遍欢迎。富兰克林编纂这部历书的用意之一，就是把它作为"在普通人民中间进行教育的一种恰当工具"。他把为人们喜闻乐见的成语、箴言印在历书中重要日子页码的空白处，教导人们把勤俭作为获得美德的，并因而发财致富的主要手段。这些做法和主张使该书以及1748年以后的修订本大受欢迎。在长达25年的时间中每年销售1万册，不但风行于美洲，而且风行欧洲，小小图书给富兰克林带来了丰厚的利润，也为他带来了声誉。

受17世纪自然哲学的影响，富兰克林把写作的对象也转向了大自然。早在他20岁时从伦敦返回费城的航海旅途中，他就对天气变化、海豚颜色、光线的变幻等做过准确的记载。他准确地记录气候的变化、蚂蚁实验的过程、饲养鸽子的心得体会等，这些使他成为享誉世界的著名学者。

富兰克林一生撰写了大量的著作和文章，其中最负盛名的就有《穷理查历书》《平凡的真理》《电学实验与观察》《哲学题目信件集》以及《政治、哲学论文

←富兰克林和黛博拉

→富兰克林在费城印刷所和工人谈话

杂集》等十几部，其中许多文字和著作被翻译成德文、法文和意大利文等欧洲主要国家的语言，销售达数百万册。

富兰克林参加起草的《美国独立宣言》更是闻名遐迩，永远闪烁着人类智慧与正义的光芒。

写作伴随了伟大的富兰克林的一生。直到83岁高龄，为了反对英国殖民统治，反对丑恶的奴隶制，富兰克林还亲自撰写了幽默散文《关于奴隶贸易》。经过后人编辑整理的《本杰明·富兰克林自传》，是一部充满人生哲理、生活幽默情趣以及传奇经历的优秀之作，鼓舞人民热爱生活，为真理和正义而奋斗。

这部自传体著作始于1771年，耗费了富兰克林整整20个春秋，他战胜了时间紧张、病痛难忍以及其他主客观不利条件，用他的心血写成。富兰克林的自传曾经深深地打动了俄国伟大作家列夫·托尔斯泰，他曾评述说："当你把笔插进墨水瓶里的时候，如果不是蘸着自己的血肉来写的话，那就不要动笔。"

人们常说，富兰克林从天空中抓住了雷电，通过电学研究为人类科学事业作出了重大贡献，这是不错的。但是，读过《富兰克林自传》的人们都说，他谆谆教诲的做人道理，所起到的塑造人类灵魂的作用，不亚于发明避雷针。

赢得他人尊重的奥秘

名声躲避追求它的人，却追求躲避它
的人。

——叔本华

劝君不用镌顽石，路上行人口似碑。

——黄宗羲

大凡从温柔富贵之乡的欧洲移民美洲的人们，都
怀着一个梦想，那就是获得成功，并且赢得人们的尊
重。

大约在1682年，富兰克林的父母也同样怀着这样
的"美洲梦"漂洋渡海而到美国。当小富兰克林降生
以后，爸爸约赛亚用自己最受人尊敬的哥哥的名字，
为儿子取名为本杰明。他节衣缩食，送孩子进了语法
学校(相当于中国的普通中学)，就是希望将来富兰克林
能生活得像受人尊重的绅士一样。

1723年，17岁的富兰克林离开哥哥詹姆斯，独自
前往费城空手闯天下，想自立门户，办一个属于自己
的印刷所。在出发前，富兰克林还看望了孩提时代的

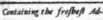

JANUARY 15. 1739,40.　　NUMB. 579.

The Pennfylvania GAZETTE.

Containing the frefheft Ad-　　ices Foreign and Domeftick.

PHILADELPHIA.

On Friday laft the Governor fent down to the Houfe of Reprefentatives the following MESSAGE, in Anfwer to their ADDRESS of the 5th Inftant.

His Honour the Governor in Council to the Gentlemen of the Affembly.

GENTLEMEN,

YOUR dutiful Expreffions of his Majefty, your Gratitude for the many Bleffings you enjoy under his Government, and the juft Senfe you entertain of my Concern for the Safety of the Province, notwithstanding our Difference of Opinion in other Matters, render your Addrefs very acceptable to me. I fhould have thought my felf happy not to have been laid under a Neceffity, by the Pofture of Affairs in Europe, of preffing a Matter fo difagreeable to the Religious Sentiments of many of the Inhabitants of this Province, but as I think my felf indifpenfibly obliged by the Duty I owe to his Majefty, in Difcharge of the Truft repofed in me by your honourable Proprietors, and from a difintereffed Regard for the Lives and Fortunes of the People under my Government, to warn you of the impending Danger, I hope you likewife, will have patience with me, and continue to entertain the fame charitable Sentiments of my Intentions.

In my Speech to you at your firft Meeting, I confidered you as the Reprefentatives of the whole Body of the People, as a part of the Legiflature, and as Proteftants, and as fuch I defired you to turn your Thoughts upon the defencelefs State of the Province, and to put yourfelves into fuch a Condition, as becomes loyal Subjects to his Majefty, and Lovers of your Religion and Liberties. As it did not become me to diftinguifh the particular Religious Perfuafion of every Member of your Houfe, I could fpeak of your Religion no otherwife, than in Contradiftinction to the bloody Religion of France and Spain: But now, from what you yourfelves have declared, I muft lament the unhappy Circumftances of a Country, populous indeed, extenfive in its Trade, bleffed with many natural Advantages, and capable of defending itfelf, but from a religious Principle of its Reprefentatives againft bearing of Arms, fubject to become the Prey of the firft Invader, and more particularly of its powerful Neighbours, who are known to be well armed, regular in their Difcipline, inured to Fatigue, and from thence capable of making long Marches, in Alliance with many Nations of Indians, and of a boundlefs Ambition.

Far be it from me to attempt the leaft Invafion on your Charter, or your Laws for Liberty of Confcience, or to engage any Affembly in Meafures that may introduce Perfecution for Confcience-fake. I have always been a profeff'd Advocate for Liberty, both Civil and Religious, as the only rational Foundation of Society, and I truft that no Station of Life will ever alter my Sentiments. Religion, where its Principles are not deftructive to civil Society, is to be judged of by HIM only who is the Searcher of all Hearts, and I think it is as unreafonable to perfecute Men for their Religious Opinions as for their Faces: But as the World is now circumftanced, no Purity of Heart, no Set of religious Principles will protect us from an Enemy. Were we even to content ourfelves with Cottages, and the fpontaneous Productions of Nature, they would rob us of the very Soil: But where Treafure is, they will be eager and watchful to break in and Spoil us of it. You yourfelves have feen the Neceffity of acting in civil Affairs as Jurymen and Judges, to convict and condemn fuch little Rogues to Death as break into your Houfes, and of acting in other Offices, where Force muft neceffarily be ufed for the Prefervation of the publick Peace: And are the Fruits of your Labour, and the Labour of your Forefathers referved only to be given up all at once to his Majefty's Enemies, and the Enemies of your Religion and Liberties? The Freeholders of the Province have chofen you for their Reprefentatives, and many of the principal Inhabitants have publickly petitioned you, that fome Meafures may be taken for the Defence of the Country: Where then will be the Inconfiftency or Partiality of complying with what I have recommended and they have defired? Whatever Expence it fhall be attended with, they will with Reafon expect you fhall bear your Proportion of it, as was done here in the Sum granted to Queen Anne for reducing Canada, and as has always been done by Men of the fame religious Perfuafions in Britain for carrying on a War againft the publick Enemy; but none of them I believe are fo unreafonable as to expect, that fuch as are principled againft bearing Arms fhall be compelled to act, or be punifhed for not acting, againft their Confciences. That I am inftructed by your Proprietors, in a manner moft affectionate to you, to guard you from, and this is perfectly agreeable to my own Inclinations.

A Mind employed as mine has been about the Defence of the Province, has long fince made it felf acquainted with

朋友柯林斯。两个大小伙子久别重逢紧紧地拥抱在一起。柯林斯倾听了富兰克林对费城的描述，决定也要到那里去。他辞去了在邮局的差事，先从陆路经罗得艾兰前往费城。两人约定在纽约碰头，再前往目的地。

富兰克林发表的文章

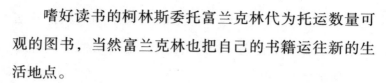

　　嗜好读书的柯林斯委托富兰克林代为托运数量可观的图书，当然富兰克林也把自己的书籍运往新的生活地点。

　　富兰克林乘船，带着自己和柯林斯的书籍，却只有少得可怜的日常生活用品，强烈的反差引起了船长的注意。因为在当时，拥有这么多书的人是不多的，况且书的主人又如此年轻。船到纽约以后，纽约州长伯内特听船长提起他的乘客中有一个年轻人带了一大堆书，便要船长带年轻人来见他。富兰克林受到了热情的款待，并应邀参观了州长的藏书室，两人相见恨晚地一同谈论书籍和一些作家。以写作才能和拥有书籍为媒介，结识了两位当时的上流社会的人士，富兰克林感到十分快慰。

　　从此，富兰克林更加敬重书籍及知识了。

　　到了纽约，富兰克林与柯林斯会面后，两人同行朝费城前进。

　　费城的全称叫费拉德尔菲亚，是美洲著名的港城。发源于阿巴拉契亚山脉的特拉华河流经此城，特拉华河水量充沛，河床陡峭，形成天然的航道，最后注入大西洋。从费城到特拉华河湾口，长达150千米，海轮可以直达港口。和波士顿开埠较早的繁荣相比，费城像一个尚未出嫁的大姑娘，具有远大的前程。富兰克林怀着发展和赢得他人尊重的愿望来到费城，他这时还无从知晓，这座城市将是他终生的居留地，并且将以他为骄傲。

←富兰克林使用过的印刷机

初到费城，富兰克林和柯林斯人生地不熟，全凭年轻人的勇敢和意志，找到了工作和安身之地。富兰克林继续从事他轻车熟路的印刷工作，柯林斯也找到了可心的工作。

不久以后，富兰克林的文化素养引起了爱好知识的宾夕法尼亚州州长吉斯的重视，当他了解到富兰克林不仅有文化而且是印刷方面的行家，就主动结交他。当权势显赫的州长经常跑来看一个普通印刷工时，人们更加敬重富兰克林了。

当时，费城还不如波士顿繁荣，但它是通往中西部的枢纽，又贴紧纽约，所以发展迅速。由于文化较为落后，所以印刷业也相当落后，印不出精美的制品来。吉斯州长大胆支持年轻的富兰克林创办印刷所，并答应出资入股。他提出由富兰克林自己去英国选购小型印刷所所需的设备和物品，这样不仅可以检查各种设备的质量，而且可以借机认识一些书商，为日后出售书籍建立某种联系。

18世纪，美洲与欧洲的联系主要依靠海运。费城和伦敦之间只有唯一一艘"安尼斯号"往返，一年只有一趟。在等待"安尼斯号"启程的几个月里，富兰克林继续在费城小印刷所里做工，同时抓紧时间自修文化。

← 正在给富兰克林写信的凯瑟琳

富兰克林此时又有了新朋友——几位好学的青年人。他们有的是公证人的书记员，有的是商店店员以及公司的职员。这些年轻人利用星期天兴致勃勃地到费城郊外斯古基尔河畔的森林散步。那时，他们轮流朗读作品，然后进行讨论。

年轻人智能的相互碰撞最大限度地开发了他们的智力潜能。后来，富兰克林的这几个同伴都成为上流社会的绅士，有的成为著名的律师，有的担任了社会重要的公职。

船期一再拖延的"安尼斯号"终于启航了。

富兰克林沿着当年父母走过的航线又驶向欧洲。别人在枯燥的旅途中苦熬，富兰克林却兴致勃勃，他的头脑中勾勒着未来印刷所的美妙蓝图。他要订购整个欧洲最好的印刷机械，印制最精美的产品，让他设计出的菜单进入每一个餐馆，让他印成的圣诞卡像雪片一样飞进每一个家庭，更重要的是多多印制高质量的图书，让文化在他的手中腾飞……

伦敦到了，欧洲就在脚下，富兰克林的心仿佛要从嗓子里跳出来，他兴奋地冲进城里。由于阴差阳错和一系列的人事纠葛，富兰克林购买印刷机械的事情彻底泡汤了，而且连维持生活和回费城的旅费都没有了。突如其来的打击几乎一下击倒了不足20岁的富兰克林，他感到天旋地转。

当富兰克林从打击中清醒过来以后，他接受了同

→ 富兰克林在英国印刷所

船旅伴的劝告，开始在伦敦打工并积攒回美洲的旅费。精湛的印刷技艺再次帮助了富兰克林，使他在伦敦一家印刷工场找到工作。一待就是19个月。为了早日回到费城，他每天起早贪黑，一个人干两个人的活。

就在这繁忙得让人喘不过气的伦敦侨居的一年半时间里，富兰克林也没有放弃他喜爱的读书学习，这已经成为富兰克林生活中必不可少的组成部分。

一次，富兰克林打工的印刷工厂印刷一本名叫《自然宗教》的著作，他边印边读，随后写了一篇评论文章。文章一发表，不仅印刷主帕尔默器重富兰克林，而且一位医生主动结识他，并把他引荐给伦敦社交界。他结识了大量的文化界人士，其中包括一些藏书丰富的书商。伦敦之行成了富兰克林的访学之旅。

富兰克林阅读和研究了殖民地美洲所见不到的最新科技著作，如牛顿的《自然哲学的数学原理》《光学》，波义耳的《怀疑派的化学家》，莱布尼茨的《逻辑学》以及法国笛卡尔的著作。

富兰克林的一位新朋友十分欣赏他的才华，经常邀请他畅谈科学技术问题。在18世纪，科学技术被人们称为自然哲学，是人们认为最深奥的学问。为了报答富兰克林不倦的指教，这位朋友还答应找机会带他去见伊萨克·牛顿。富兰克林一听说去见牛顿爵士，

→富兰克林

激动得读不进去书了。牛顿，他是雄居自然哲学的奥林匹亚山上的宙斯，自己能见到他，真是不可思议的事情。

富兰克林十分尊重牛顿，他不知道把牛顿的著作读过多少遍，许多个不眠之夜，是同牛顿的书相伴而度过的。

富兰克林逗留伦敦期间，牛顿已经84岁高龄了，他住在伦敦郊区一所别墅里，轻易不接待任何访客。几次如约拜访牛顿，却因故未能如愿。富兰克林回到费城的第二年，牛顿就长逝了。富兰克林一直未能见到牛顿，这成了他终生的憾事。

他从空中抓住了雷电

我没有什么特别的才能，不过喜欢寻根刨底地追究问题罢了。

——爱因斯坦

谁要是想在任何一个科学部门上成为内行，那么他就应该做极深刻的专门研究。

——恩格斯

怀着未能拜见牛顿爵士的遗憾，经过两个多月的海上颠簸，富兰克林又回到了阔别18个多月的费城。一年多不见，她变得更美了。

富兰克林在旅途日记的最后一篇中这样写道：

天气异常晴朗，太阳用它温暖明亮的光辉活动了我们僵硬的四肢。天空上不时点缀着一些银灰色的云朵。林中吹来的清新的风使我们精神振奋。在如此之长、令人厌烦的禁锢之后，近在眼前的自由，让我们狂喜着迷。简而言之，所有的一切加在一起，使这一天成为我

有生以来最愉悦的日子。

回到费城，富兰克林又干起了自己的老本行，从事印刷工作。不过，这次他是见过大世面的能工巧匠了，印刷业的雇主们争相以高薪聘请他。他的经济收入有了质的变化，从此生活完全安定下来，再不用为了一磅面包、一杯茶水而奔波了。

1728年年初，富兰克林与人合伙开办了属于自己的印刷所，从此，进入北美殖民地中产阶级的行列，为他后来从事科学研究奠定了物质基础。

生活富庶了，最容易引起人的懈怠，然而富兰克林不忘读书，为了激励自己，他和几个朋友组织了一个交流和切磋知识的团体"共读社"。参加者最早是青年印刷工人或农家青年，然后是一些职业白领阶层，再后来是宾夕法尼亚的青年绅士或上流社会的成员。"共读社"讨论的主题也逐步由浅入深、由简入繁，每个成员也都获益匪浅。

"共读社"活跃了30年之久，它的活动既有益于增长知识，又适合于年轻人的趣味，富有强大的生命力。"共读社"之于富兰克林，如同一所大学，成为他走向科学殿堂的阶梯。

一开始，富兰克林及同伴们研究燃烧过程，试图

←富兰克林从天空抓住雷电的油画

揭示化学变化的本质，他们在与欧洲化学研究几乎隔绝的情况，得出了近乎与燃素说相同的结论。

就在他们为自然现象所痴迷时，欧洲一项惊人的科学发现轰动了整个文明世界。

1746年，荷兰莱顿大学物理学教授马森布罗克经过长时间的试验探索，终于研制成功了一种能够贮存电的装置——莱顿瓶。

早在18世纪40年代初，马森布罗克就开始研究电现象，决心给电造一个储存室，达到长期保存，随时取用的目的。

当时，马森布罗克在给法国科学家利奥缪尔的信中这样描述自己的发明：

　　　　我想告诉你一个新的、令人惊心动魄的实验，并且我建议你不要再重复这个实验。当时我是研究电现象。为此，我用两根浅蓝色丝线悬挂一根铁棒。铁棒的一端由一个玻璃球获得电荷，玻璃球迅速绕自己的轴旋转，并摩擦人的手掌。在铁棒的另一端挂一根铜导线。导线的一端放在一个盛有半瓶水的玻璃瓶内。我用右手托住玻璃瓶，并试图用左手从带电的铁棒引出火花。突然，我的右手受到一阵猛烈的打

击，全身都颤抖了，好像受到一次雷击那样。

虽然，很薄的玻璃瓶并没有破碎，并且在受到这种打击时手掌通常也不挪动位置，但是胳膊肘到全身却受到难以用语言形容的可怕打击，致使我当时以为一切都完了。

马森布罗克的"劝告"起了相反的作用。整个欧洲为"莱顿瓶"着了魔。其实，电学的早期发展，在很大程度上起因于公众对研究自然"怪"现象的兴趣，或为了消遣、取乐，而不是为了研究新的动力。电学

← 富兰克林和儿子做引电实验

实验是皇室或贵夫人沙龙中时髦的东西，许多重要的电学仪器(如莱顿瓶、起电机)最初都是作电击游戏用的。在法国，诺雷神父曾让700个修道士手拉手，在莱顿瓶发出的电震下跳跃，裂裳飞舞，以博得法王的欢心。但不可否认，这一时期电现象的广泛传播和电磁知识的积累，为新的发展奠定了基础。

1746年，刚刚组建完费城国民自卫队的富兰克林闲暇休整。他抽空听了一次英国学者的讲学，于是就改变了电学发展的历史。

这一年的秋天，英国物理学家斯宾丝来波士顿访亲，在宾州学术界的盛情邀请下进行了一次有关电学的演讲，又表演了电学实验。

富兰克林耳闻目睹了电现象的神奇，他为斯宾丝演讲中精彩纷呈的电学内容所折服，要求拜访"电学英雄"。两个人结识后，富兰克林的虚心求教和盛情款待，使斯宾丝大为感动，返回英国时，便将他随身携带的那套电学仪器赠送给了富兰克林。

斯宾丝所做的实验其实很简单，即用一块毛皮摩擦琥珀，用一块丝绸摩擦玻璃管，产生电充满莱顿瓶，然后用以产生电火花，可以把金属丝加热，使小软木球摆动等。

富兰克林开始投入电学研究时已届不惑之年了。

经过了数年的系统研究，他确立了电的正负性质。在研究电现象的过程中，由于缺乏专门术语，富兰克林创造了许多电学用语。这些电学专业词汇在现代电学中仍在广泛使用，例如正电、负电、电池、电容器、充电、放电、电击、电枢、电刷等。

在电学实验中，富兰克林发现带有不同性质电荷

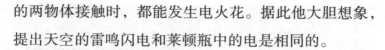

的两物体接触时，都能发生电火花。据此他大胆想象，提出天空的雷鸣闪电和莱顿瓶中的电是相同的。

富兰克林对天空中的天气变化是十分熟悉的。1749年8月，富兰克林在实验记录中写道：

> 莱顿瓶中的电与闪电有以下这些方面的一致：1. 发光；2. 光的颜色；3. 弯曲的方向；4. 运动很快；5. 由金属而传导；6. 爆炸声；7. 可存于水或冰中；8. 撕裂或震动通过的物体；9. 毁伤动物；10. 熔化金属；11. 使易燃物着火；12. 有硫黄燃烧的气味；13. 电被尖状物吸引。……既然它们在所有这些方面都一致，难道不可能在本质上也一致吗？让我来做这个实验吧。

一次，来自苏格兰的斯别谢尔博士的"奇怪的戏法"的电学表演，更加深了富兰克林的印象和认识。

美国，费城斯宾逊报告厅里挤满了好奇的观众。

斯别谢尔博士身披一袭黑色斗篷，这更增加了神秘恐怖的气氛。他拿起一根玻璃棒，在一块绸手绢上擦了几下，然后把玻璃棒靠近一堆小纸屑，纸屑都飞起来并贴到玻璃棒上。这些费城的观众早已知晓，没

← 富兰克林和梅霍迪思出版的《宾夕法尼亚报》

THE Pennsylvania GAZETTE.

Containing the freshest Advices Foreign and Domestick.

From Thursday, September 25. to Thursday, October 2. 1729.

有什么"奇怪",观众有些不耐烦了。

只见,博士拿出一个莱顿瓶并同一个起电机连接起来,从那里突然迸发出一道长长的强烈的火花。当

→富兰克林的新印刷所

他用这些令人眼花缭乱的东西打到第一排某个志愿者身上时，那个志愿者由于疼痛而大声尖叫起来，并从自己的座位上蹿了出去。这时，观众震惊了，表演进入高潮。然后，博士又用同一方法向一只鸡击去，一声尖叫过后，那只鸡立刻就像遭雷击了似的倒下死去

了。最后，他又用这种方法将远处的酒精点燃，酒精喷出了炽热的火焰，表演在熊熊火光中结束。

类似的特技表演在美国的很多城市里都非常盛行。其中大多使用最新发明的电学仪器，满足人们好奇和寻求刺激的心理，表演者也借机捞取更多的钱财。富兰克林从斯别谢尔博士的表演中，再次意识到了人工电与天上的闪电是相似的。

富兰克林又一次冒着大雷雨天气跑到了费城的郊外，仔细地观察了雷电过程。一道明亮耀眼的闪电划破长空之后，震耳欲聋的雷声迅即而至。富兰克林确信，闪电就是一次极大的放电过程。

怎样才能检验闪电是不是放电呢？

不断地研究使富兰克林把注意力集中于尖状物对于电的吸引能力上，这一转移打开了通向成功地检验闪电的大门。

3年以后，富兰克林冒着生命危险在费城成功地捕捉到了"天电"。

富兰克林先将自己的创造性想法，写信告诉给了他的法国朋友：

　　我认为莱顿瓶放出的电火花，与雷雨云发生的闪电极其相似，莱顿瓶电量越大时，越是

如此。闪电具有电的本质，这一点是确定无疑的。下一步，我要用实验去证实它。

后来，富兰克林在与朋友的通信中又提出了检验的方法。他说，在塔楼顶上建一个小棚，棚顶上再支一个铁棒，这样，在大雷雨的时候棚内的人就可以从铁棒上引下电火花。在富兰克林的启发下，法国人达里巴尔于1752年5月完成了富兰克林设想的初步实验，他成功地从自己树立的铁杆上引下了电火花。

法国朋友又将实验成功的信息传给富兰克林。他获悉后加快了实验证实的步骤。

富兰克林曾经向英国皇家学会正式公开地建议进行证明雷电是电的实验，但这一建议没引起应有的重视，富兰克林决定自己做这个实验。

1752年7月的一天，富兰克林盼望的雷雨天终于来到了。雷声阵阵，电光闪闪。为了避免不必要的舆论麻烦，富兰克林只带了自己的儿子。

他们早就准备好了丝绸做的大风筝。风筝上安有一段长长的铁丝，还准备了风筝引绳、实验用的金属钥匙，以及用以蓄电的莱顿瓶等。他们迅速把丝绸风筝放飞起来，期待着实验成功。

这种实验在今天看来，简直是拿生命开玩笑。

←印有富兰克林头像的美元纸币

　　一道耀眼的闪电划破万里长空，带来一声惊雷，一块积雨云从风筝上空迅速飘飞过去。这时，风筝上的铁丝立即传导了雷电，淋湿的风筝引绳又把雷电传到了下面的金属钥匙上。富兰克林触动金属钥匙，它放出了电火花。他仔细观察淋湿了的牵引绳，绳上原来松散的纤维，现在全向四周直立起来了，和实验室皮毛摩擦生电的情形一样。紧接着，富兰克林把钥匙接到莱顿瓶上，将雷电储存起来。雨过天晴，风筝像远航的船儿归来了。富兰克林发现莱顿瓶中得到的电，和地上得到的电完全一样，用它可以引起电火花，点燃酒精，击杀小动物，进行各种电学实验。这些实验

→富兰克林推着买回的纸张返回印刷所

彻底证实了雷电和人工电相同的预言。

　　富兰克林父子在"电风筝"实验中安然无恙，实属万幸。因为风筝淋湿的牵引绳传导下来的雷电足以置人于死地。"费城电风筝实验"消息传到俄国圣彼得堡以后，俄国科学院院长罗蒙诺索夫和助手李奇曼于1753年夏天，重复了这一实验。实验中一个球状闪电落到李奇曼头上，使他成了电学研究的第一个殉难者。

富兰克林是冒着生命危险揭开天电的奥秘而又侥幸免遭死神的侵袭，真是万幸中的万幸。

富兰克林的实验传到欧洲，引起轰动，激起了各国学者研究电学的热潮。

1760年，富兰克林在美国费城一座高大建筑物上安装了世界上第一根避雷针。1775年，巴黎两座并列的高层建筑物，未安装避雷针的遭雷击严重损坏，安装避雷针的安然无恙，避雷针的功效使巴黎人折服。

避雷针于是成了全世界高层建筑物须臾不能离开的护身符。

全面记录富兰克林电学研究内容的《电学的实验与研究》一书，成为近代科学史上第一部系统的电学权威著作，它一经出版，便迅速传遍欧美各国……

富兰克林的工作为法拉第、库仑、欧姆等做出了榜样，使他们又沿着富兰克林开辟的道路继续前进。

生命的意义在于创造

我们时代的伟大课题是什么呢？就是
解放。每一时代都有它的课题，解决了它
就把人类向前再推进一步。

——海涅

强大的美国来自想象力和创造力！

——奥斯本

18世纪，是人类最辉煌的世纪之一。生活在18世
纪的人们心中怀着两个神圣的志愿，一是揭开自然的
奥秘，掌握客观事物的普遍规律；一是把人们从封建

→ 富兰克林的女儿莎拉

统治的枷锁中解放出来，
获得自由。为了完成这两
项神圣的任务，人们所使
用的工具，主要是理性。
富兰克林亲自参加了这项
伟大的事业并留下了不朽
的业绩，永远为后人所缅
怀。

← 富兰克林发起的订阅图书馆新址

　　欧洲移民是伴随着哥伦布到美洲以后才大量移入的。哥伦布到达美洲时，北美印第安人约有一百万。英国殖民者入侵北美时，把奴役和罪恶也带入了这块肥沃的土地。最早移民北美的人，除了少数地主贵族、特权商人和资产阶级之外，绝大部分是劳动人民。许多人因没有渡海路费，不得不与船主或商人订立契约，卖身到北美当"白奴"（或称"自愿契约奴"）。

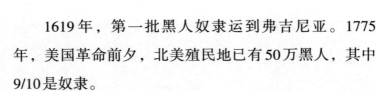

1619年，第一批黑人奴隶运到弗吉尼亚。1775年，美国革命前夕，北美殖民地已有50万黑人，其中9/10是奴隶。

英国作为宗主国奴役北美殖民地的人民，不论他是白人还是黑人。首先是从经济上进行控制，他们根据自然环境和经济特征，将北美殖民地分为三个部分，即英王直辖殖民地、业主殖民地和自治殖民地，并利用隶属关系上的差异来分化离间各个殖民地以便于控制。政治上剥夺各殖民地人民的权力，经济上盘剥各殖民地厂商的收益，造成殖民地与宗主国之间的矛盾的不可调和性。

随着殖民地经济的发展，新兴资产阶级力量不断成长，他们要求参与社会政治生活，摆脱封建地主阶级的束缚。富兰克林正是在这一历史趋势中充分展现自己的才华与贡献的。

从1729年富兰克林创办《宾夕法尼亚报》始，他就积极参与社会公共事务，逐步成为宾夕法尼亚州的社会活动家与颇有影响的政治家。

他在组织"共读社"的基础上，通过社员集资的办法创办了费城图书馆。根据富兰克林的提议，大家除了把各自的图书集中起来共同使用外，还在公证人的监督下签订了一份筹建公共图书馆的合同。按照合

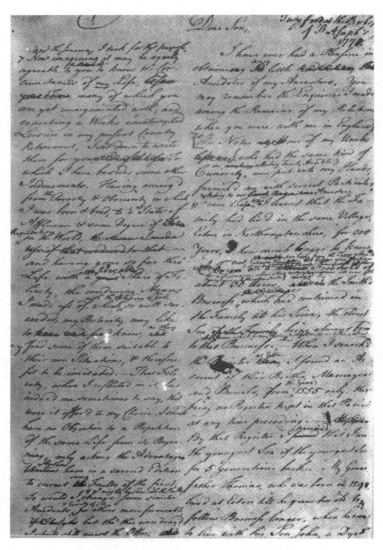

同，每一参与者第一年付40先令作为第一批购书费，以后每年出10先令用以添购图书，合同期限50年。第一批参与者共50人，富兰克林的名字排在图书馆董事

→富兰克林在自学（油画）

会名单的第一位。图书馆开始设在"共读社"社员家里，9年以后迁入宾夕法尼亚州政府的建筑物内。

富兰克林创立的这家图书馆是北美图书馆的先驱，它开创了民众自我教育的先河。

经过教育的启蒙，人民就不再受统治者愚弄了。民众的觉醒是暴君权力跌落的前提。

随着大众教育事业的蓬勃发展，富兰克林的印刷业务也蒸蒸日上。经济收入稳定后，富兰克林就投身于公益事业。1735年，富兰克林在《宾夕法尼亚报》上发表《论保护城市不受火灾》的文章，随后身体力行地组织了费城第一支自愿救火队，1736年12月又组建了"联合消防队"。从此，费城再未发生过大的火灾。

除了组建新的救火队，富兰克林还参与了费城社会治安巡夜制度的改革，后来经过立法成为北美各个城市的样板。他还组织了"美洲哲学学会"，自己担任秘书。经过与美洲著名学者和名人的广泛联系与接触，强化了富兰克林的世界观。他不再局限于宾州和费城一隅，而是以"全美洲的殖民地"的观念来看待大西洋东西岸所发生的一切。

1736年，富兰克林当选为州议会文书，正式涉足政治生活。他以《宾夕法尼亚报》、印刷所以及美洲哲学会为根据地，不断从舆论上影响社会，又亲自富有成效地实施自己的主张。他从富民、法治、教育的人本主义认识出发，主张平等、自由和博爱，受到普遍的欢迎。

1749年，在富兰克林的主持下，创办了费拉德尔菲亚大学；相继费城第一家医院也宣告成立；美洲第

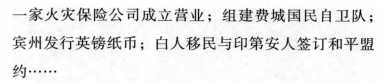

一家火灾保险公司成立营业；组建费城国民自卫队；宾州发行英镑纸币；白人移民与印第安人签订和平盟约……

富兰克林几乎参加了各项活动的全部策划与实施，在当地树立了崇高的威望。1748年他当选为宾州议会的议员，并成为州议会中的重要人物。富兰克林总是社会进步和民意的化身。

他在一次给家人的信中提道："为自己办少许的事，为他人办事很多。就这样年复一年，直到末日来临。那时，我宁愿人们说我'他生为有用的人'，而不愿被人说'他死时很富有'。"

后来，由于富兰克林的自然科学研究特别是电学研究获得了国际上的承认和普遍的颂扬，他被任命为北美殖民地邮政总代理，这使他不仅与欧洲保持着科学技术方面的交往，而且在政治及社会管理方面也有了大量接触。

1758年，富兰克林作为宾州代表出席了在奥尔巴尼召开的殖民地代表会议。这次会议是为了解决北美殖民地内政外交诸方面危机而召开的，史称"奥尔巴尼大会"。在6月召开的大会上，富兰克林提出了建立殖民地联盟的议案，认为为了殖民地的生存与安全，建立各殖民地联盟是绝对必要的。

←为纪念富兰克林而设立的『本杰明·富兰克林』奖

　　富兰克林的议案后来成为北美殖民地自治及美国独立的导火索。此后，当北美民族独立运动风起云涌地发展时，富兰克林成为赞同北美殖民地脱离大不列颠帝国而完全独立的积极分子。

　　在美利坚民族独立的伟大斗争中，特别是在争取外援的外交斗争中，富兰克林出使法国长期驻扎在欧洲，既忍辱负重、坚韧不拔，又灵活变通、纵横捭阖，赢得了欧洲各国对美国独立运动的支持。他先后为美国筹措到数以百万计的金钱，有力地支援了独立战争。

在美国独立战争期间，大陆会议任命了一个由5人组成的起草委员会，负责起草《独立宣言》，其中最著名的人士包括本杰明·富兰克林和托马斯·杰弗逊等人。

富兰克林参与了《独立宣言》的起草工作，具体文稿由杰弗逊执笔。《独立宣言》成为北美殖民地人民推翻英国殖民统治，争取民族独立战争胜利的旗帜，也是18世纪末法国大革命时期《人权宣言》的蓝本。

→富兰克林创办的费城图书馆

马克思称它为著名的"第一个人权宣言"而礼赞有加。

1776年7月4日，第二届大陆会议通过了《独立宣言》，标志着美利坚合众国的正式诞生。宣言郑重地向全世界宣布："人人生而平等，都有生命权和追求幸福的权利；推翻一贯压制人民的专制制度、建立新政府，是人民的权利与义务。"

后来，北美一位著名雕刻家胡顿为富兰克林雕刻了一座大理石半身胸像，在基座上著名散文家图尔格特撰写了近代史上最为著名的铭文：

富兰克林——

他从碧空之中抓住了雷电，

他从暴君手中夺下了权杖。

当富兰克林得知胸像揭幕时，他对此提出了抗议，认为这样的赞誉超过了他所应得的，"它对我渲染过了头，特别是关于暴君的那些辞藻；革命是许多才智、勇敢之士进行的，如果我能被允许分享其中一点点，那就是足够光荣的了。"

谦逊的富兰克林永远是人们学习的榜样。

除了在人文社会生活方面发挥了极大的创造作用之外，富兰克林在科学领域、技术领域以及应用方面

→富兰克林塑像

更取得了丰硕的创造之果。

创造之河滥觞于对自然界的仔细观察。

1726年，20岁的富兰克林乘船从伦敦返回费城，在漫长的海途中，他对海洋天气变化与云层的关系，海洋动物尤其是海豚的状态及运动规律，作了准确逼真的观察记述，掌握了大量宝贵的第一手资料。

在海上，他每天准时起床，悄声地离开船舱去进行科学观察，同行的旅伴亲切地称他是"被海洋女神迷住了的人"。

1743年，富兰克林通过认真钻研历法与天文知识，得出10月21日晚上9点费城上空将出现月食的结论。富兰克林准备系统地观测这次罕见的月食，可是却被一场东北方向突如其来的暴风雨所打断。于是富兰克林抓住宝贵的时机，变观测月食为观测暴风雨。

暴风雨过后，富兰克林通过报纸及书信，及时了

解了波士顿、纽约、巴尔的摩等地的天气变化情况，搜集了大量的资料。通过分析比较，对暴风雨的成因形成了一整套看法。他设定，假如一条长运河里的水在终端被一道闸门堵住了。水一直很平静，直到闸门打开，这时它开始流出闸门，紧挨闸门的水先动，向闸门流动；紧挨着先动的水接着流动起来，运河尽头的水最后才向闸门流动。这里，所有的水的确是向闸门流动的，但依次开始流动的时间却是反向的，也就是从闸门开始，倒回到运河的尽头。

富兰克林猜测暴风雨的运动也是如此的。他对比了各地暴风雨发生的时间；考虑了北美东北部海岸线及内地阿巴拉契亚山脊的作用，它们形成了暴风雨的东北——西南走向。

富兰克林设想，在墨西哥湾或附近的空气因剧烈受热而稀薄上升，它原来的空间由它以北毗邻的较冷、较浓密和较重的空气来补充它，它的流动又引起更北部的空气也流动起来，形成一股连续运动气流，它在海岸线和内地山脊的束缚下，呈东北方向移动。

富兰克林的这些认识，已向着关于巨大的旋转风系即旋风或递旋风的知识迈出了重要的一步，这些气象规律到19世纪下半叶才重新被人们所认识。富兰克林整整超前了100年。

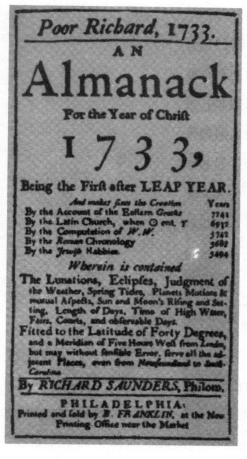

↑富兰克林于1733年出版的《穷理查年鉴》书影

1748 年，富兰克林又仔细研究动物行为的科学，他通过实验观察到蚂蚁、鸽子等，得出了重要结论，并把他们通报给瑞典著名的生物学家林奈，受到了"为自然界立法"的林奈的好评。现在，在长达六千多页的第十三版林奈名著《自然系统》的十二卷本中，还可以从脚注上看到"来自美洲的生物学观察"的字样。

作为18世纪最伟大的科学家林奈能够与北美殖民地名不见经传的人共同磋商科学问题，无疑说明了林奈的谦逊，同时也映衬出富兰克林研究的深刻程度。

富兰克林研究的领域是十分广泛的。1752年4月

23日，在富兰克林写给朋友的信中，记载了他关于光传播机理的科学认识。他明确地表示："那种假定称为光的物质微粒连续不断地被从太阳表面快得惊人地送出的学说没有使我满足。我们为什么一定要想象有光亮的微粒离开太阳，直奔眼睛呢？难道不可以更为合理地把所有光的现象解释为：假定宇宙空间充满着一种微妙的有弹性的流质，当它静止时，是看不见的，但它的震动则影响了精细的眼睛的视觉，如同空气的震动影响耳朵的听觉一样。"

众所周知，关于光的本质的认识，科学史上有两派观点，一派说光是一种波动；另一派说光是一种微粒。在富兰克林时代，由于牛顿经典力学获得巨大成功，因此牛顿所主张的认为光是一股微粒的快速移动的光的微粒说成为正统理论。

富兰克林敢于独立思考，提出了更为合理的光的波动说的新理论，这是对光的本质认识的一个进步。他猜测的"宇宙空间中的有弹性的流质"似乎具有19世纪"以太"的意味，这不能不说是富兰克林具有独创精神的体现。

富兰克林除了在科学原理上具有创造性，还在技术应用领域富有发明创造的意识。1752年12月，远在波士顿的哥哥约翰·富兰克林患尿潴留症，疼痛难忍。

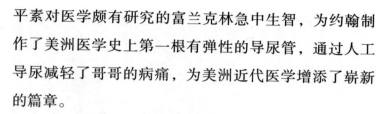

平素对医学颇有研究的富兰克林急中生智，为约翰制作了美洲医学史上第一根有弹性的导尿管，通过人工导尿减轻了哥哥的病痛，为美洲近代医学增添了崭新的篇章。

为了节省燃料增加热量，他经过精心研究，发明创造了省柴取暖炉——当时被人称为"开炉"。

富兰克林通过研究雷电，又进而发明了避雷针，这是他为人类避免雷电的伤害而发明的。科学之于富兰克林，是蕴涵于日常生活中的自然界事物发生发展规律，既很神秘又十分平常。

1957年，富兰克林作为宾州议会代表赴英请愿，反对业主在殖民地的免税特权。在这第二次伦敦之行中，他随身携带了最强有力的电学仪器，他向皇家学会会长汇报了一例电疗瘫痪病人有显效的试验。这一创造性的实践是人类医疗史上电疗的最早记载。这是富兰克林一心用电学发现造福人类的重要体现。

在伦敦期间，富兰克林还研制了一种称为"玻璃琴"的乐器。我们知道将玻璃杯里装上不同量的水，用手指敲击杯的边缘便可奏出乐曲来。18世纪中叶，欧洲十分流行这种盛水的所谓"音乐杯"的乐器。富兰克林闲来无事，专心于改进"音乐杯"。

他订制了一套半球形的玻璃器皿，将其按"音阶"

←娴熟的外语和卓越的外交才能使富兰克林在社交圈中很受欢迎

排列穿在一根长轴上，然后用一块踏板带动其转动，同时用手指敲"音乐杯"的边缘就可以奏出柔美得令人倾倒的音乐。

富兰克林将这种乐器称为"阿莫尼卡"（即玻璃琴之意）。

阿莫尼卡玻璃琴问世后，很快就流行于欧洲，其价格相当于当时的原始钢琴。一位名叫玛丽安·戴维斯的演奏家以之在欧洲到处巡回演出，并把它引进意大利、奥地利、法国。法国王后及公主曾经跟她学习阿莫尼卡演奏技术。在音乐之乡的德国，在音乐之都的维也纳，这种琴制作得最多也最精美。在很长一段时间，富兰克林因发明了阿莫尼卡和避雷针，而同时在乐坛和科学界享有盛名，有的富兰克林传记作家甚至认为他在乐坛上更胜一筹。许多著名的音乐家包括莫扎特和贝多芬都曾为阿莫尼卡谱写乐曲，直到19世纪初，阿莫尼卡才不再流行。

美国科学之先驱

> 地上本来没有什么路，走得人多了便成了路。
>
> ——鲁迅
>
> 没有创造，自然也就不会有模仿行为。
>
> ——汤因比

本杰明·富兰克林是北美殖民地科技发展的顶峰，也是美国科学的起点和先驱。

和那些集毕生精力于某一门学问的科学家不同，富兰克林一边思考、研究、写作，一边处理和应付商务的、公众的和家庭的各类事务，他的世界是博大的，生活是丰富多彩的，然而富兰克林从事的科学事业既有开拓性，又引导了美国科学技术发展的基本途径，给美国未来科学技术打下了不可磨灭的烙印……

翻开一部美国科技发展的历史，不难看到它具有不同于其他国家的典型特征，归纳起来不外乎这么几点：一个是它的实用性，一个是它的超前性，一个是它的非正统性。

其实，这些带有美洲牛仔风格的特征，是得自于富兰克林的"基因遗传"，它不知不觉地影响了未来科技工作者的行为模式。

科学技术从严格的意义上说，起源于欧洲，起源于欧洲近代的自然哲学繁荣和人本主义的兴起，起源于资本主义生产方式的形成。北美殖民地作为欧洲宗主国的附庸，长期以来一直与科学无缘，处于科学技术发展的蛮荒之地，也是远离科学技术中心的世外桃源。

美洲在科学技术发展中的这种偏僻的地位，使它始终处于科学技术界的非正统位置，一直延续到20世纪初期。在美洲殖民地，人们一直认为正统的科学在欧洲，若非是剑桥大学、牛津大学或巴黎什么大学的毕业生，仿佛是没有资格研究科学似的。

尽管北美殖民地的大学教育兴办得比较早，例如，哈佛大学（1636年）、耶鲁大学（1701年）、普林斯顿大学（1746年）、费城大学（1749年）、宾夕法尼亚大学（1751年）、和哥伦比亚大学（1754年）先后创立，但是它们都没有开设科技类课程，至多开设一点工程类课程，即使是哈佛大学也是如此。直到1869年35岁的查尔斯·爱利奥特执掌哈佛大学的帅印，这种状况才有所改观。

富兰克林生活的时代，北美殖民地的科学教育一片空白，仅仅在教育中教授一些以算术为主的数学知识，以备生活中计算利率等之用。据富兰克林自传介绍，就连富兰克林的老师也常常将乘方开方弄

←富兰克林的一个死于天花病的儿子

错，难怪富兰克林两年学业中算术都是不及格。

富兰克林就是一个非正统出身的科学家。他所掌握的科学技术几乎都是依靠自学得来的，主要方式是通过不知疲倦的阅读和与他人交流讨论。富兰克林除了勤奋好学以外，还十分热衷于交际，结交了许多热爱读书和钻研科学的朋友，他们的讲解给富兰克林打开了一扇又一扇科学知识的窗子，使他得以站在较高的角度去看待事物。

富兰克林青年时代几次前往欧洲，结识一些科学爱好者，中年以发明避雷针和阿莫尼卡而誉满欧洲后又长期以使节的身份驻守在欧洲，他在法国巴黎一待就是十几年，又结识了一大批名声显赫的科学和社会名流。

富兰克林几次拜见牛顿虽然未能如愿，但以后却没有再遇到如此为难的情况。在英国，他与普里斯特列博士称兄道弟，感情十分融洽。普氏是英国最伟大的化学家之一，他以实验最早发现了氧气的存在。富兰克林和普里斯特列切磋科学问题无疑产生了"胜读十年书"的功效。当然，普里斯特列也从富兰克林的介绍中了解了许多关于电学的奥秘。两人如鱼得水，相得益彰。

富兰克林以非正统的身份登上科学奥林匹斯山的亲身经历，影响了一代又一代的美国人，推动他们也以几乎类似的模式登上了科学技术的大雅之堂，这里仅信手拈来地举几个例子。

1808年，以建造第一艘蒸汽轮船而闻名天下的罗伯特·富尔顿，就是富兰克林这个同乡，他早年就十分倾慕富兰克林的同乡，虽然出身肖像画家，但却克服了千辛万苦制造成功了著名的"克莱蒙特"号轮船。

1835年，另一位从41岁才开始学习电学和机械知识的外行人发明了电码，他就是美国著名画家、发明家萨缪尔·莫尔斯。而莫尔斯一再讨教的亨利教授也是一个化学实验员出身的电磁专家。发明电话的贝尔是波士顿大学的语音学教授；拥有数以千计专利发明权的爱迪生是一名报童；等等。

　　富兰克林实际上为外行也能作出大贡献举起了一盏光芒四射的航标灯，直到今天，它对美国科学界和文化界仍有着深远的影响。

　　每一个美国知识分子都试图在做好本职工作的前提下，干一点非正统的工作，一方面开掘一下自己的潜力，另一方面也证实自己生存的价值。直到20世纪90年代风靡全世界的小说《廊桥遗梦》，就是由经济学教授写出的……

　　美国沿着富兰克林模式发展，不因循守旧，努力创新，终于在19世纪末赶上世界先进水平，并在20世纪上半叶成为世界上超一流的科技强国。

←富兰克林和家人在一起

未知世界的永恒兴趣

天才，就是永无止境刻苦勤奋的能力。

——卡莱尔

热衷于研究工作的人，往往是一个具有超乎常人好奇心的人。

——贝弗里奇

未知世界永远是神秘莫测的，它吸引着无数仁人志士为之痴迷，为之献身。

古希腊的哲人们早在两千多年前，就已经意识到对于未知世界抱有恒久的兴趣，是从事研究工作的首要条件。

富兰克林从一开始读书识字，就对变幻无穷的世界产生了强烈的兴趣，这种禀性一直保持到他生活的最后一息。

同其他人不同的是，富兰克林除了对未知世界抱着永恒的兴趣外，他还有一股时刻想把自然界和社会未知的东西告诉他人的创作冲动。这两个东西结合起来，构成了富兰克林一生中的两条主线。

儿童时代，富兰克林最早对无边无际的海洋产生了强烈的兴趣，特别是当他的哥哥逃到海上做水手以后更加强烈。他渴望航海去了解大海那边人们的生活。他的第一篇处女作，就叫《水手之歌》。

1724年，18岁的富兰克林终于因为前往伦敦购买印刷机器而成功地进行了有生以来的第一次洲际航海。从登上远洋帆船的第一步开始，他就急切地想把一切都弄懂，问这问那，常常因为问题的奇特有趣而引起大家的哄笑。他开始认真研究大海，从此一生研究海洋。

1726年7月，在返回美洲的长达两个半月的海上旅途中，他认真记录各种客观变化；当成群的海豚出

←18世纪北美救火场景图

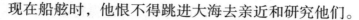

现在船舷时，他恨不得跳进大海去亲近和研究他们。

1743年，富兰克林倡导创办了"美洲哲学学会"，从其记录上看，大多数会务活动是研究对神奇世界的探索方面的。在富兰克林忙碌的一生中，很多时间里他无暇顾及科学研究，他总是思考自然哲学问题，留心同他有机会遇见的专家们交上朋友。美洲哲学学会中心一直有7位常设成员：他们分别是医学家、植物学家、数学家、化学家、机械工程学家、地理学家和自然哲学家，而富兰克林一直担任他们的秘书。富兰克林如饥似渴地汲取着这些专家们的知识和才学，丰富着自己。

在上述人员中，包括发明了象限仪的数学家歌德弗雷、被林奈誉为当代"最伟大的自然植物学家的巴尔特拉姆和创立宾夕法尼亚医院的优秀医生托马斯·邦德等杰出人物"。

为了研究和了解印地安民族，他冒险代表宾夕法尼亚州与印第安人谈判，此后他一直以人类学家的眼光去看待他们的生活方式和文化。

富兰克林为了北美殖民地利益，为新英格兰事务，作出了极大的努力。他出报纸、印杂志、创建图书馆、创办大学、筹建医院、担任邮政总代理、州国民自卫队指挥官和州议会议员，其中在百忙之中又在电学研究上作出了世界先进水平的成果，为他赢得了巨大荣誉。

人生苦短，一转眼，富兰克林已经51岁了。这一年他作为州议会的使者，偕同儿子一道，离开纽约前往伦敦向英王请愿去了。

航海又一次让富兰克林获得大量的闲暇时间，航行中，船队几次遭到敌船的追击，还差一点儿撞上礁石沉没，但是富兰克林还是研究了船速同载货、装帆

←富兰克林发起的美国哲学会旧址

PLAIN TRUTH:

OR,

SERIOUS CONSIDERATIONS

On the PRESENT STATE of the

CITY of PHILADELPHIA,

AND

PROVINCE of PENNSYLVANIA.

By a TRADESMAN of Philadelphia.

Printed in the YEAR MDCCXLVII.

同驾驶方法的关系，强调指出了灯塔对于船舶航行的重要意义。

在航行中，富兰克林通过细心的观察发现，在有油迹的航船之后的航线上行驶时，风浪小得多，一般人熟视无睹，他却作出了认真的研究。有一天，富兰克林与几个朋友在巴黎街道上散步，一阵风来吹皱了一条小河的水面，富兰克林眉头一皱，便告诉朋友们，他能让河水平静下来。朋友们不信，让他当场验证。只见他向河的上游走了有几十步，然后手舞足蹈地拿起拐杖往天上挥舞几下，小河的水面果然平静下来了，朋友们惊诧不已。原来，富兰克林开了一个科学玩笑。他在拐杖里预先装入了油脂，然后洒到河里，油散布在水的表面，使表面张

力增大，所以波浪骤然间减少了许多。这是他一直研究的以油减小波浪课题的一个阶段性成果。

富兰克林的好奇心使他终生热衷学问，勇于钻研，不断推出探索自然的奥秘，成为一系列个"第一"的拥有者。

富兰克林最早研究了矿泉水的治疗作用。1769年，他曾经与英王御医普林格尔一同前往汉诺威的皮尔蒙特，去品尝那里的富含铁质的矿泉水，调查研究其保健治疗作用。

富兰克林专门抽时间研究关于船速在深水和浅水中的差异问题。他专门设计了一个实验来定量地测量船的航速，这是船舶航行学的早期探索之一。

兴趣广泛使富兰克林涉足了相当多的领域，他曾经专门研究了英语的语音学和拼写改革。他指出了英语书面语与语言的不同步，相应制定了一套新的字母表，并且在1779年发表问世。

在18世纪70年代，许多欧洲人受到"感冒"的袭扰。富兰克林一次感冒卧床长达三个星期，他为此曾详尽研究感冒，意识到感冒的传染性，指出感冒往往不是因为着凉，他怀疑感冒使空气的质地产生了变化，因而使其具有传染性，这已经具有了"感冒病毒"污染空气原理的雏形。

→富兰克林倡导建立的宾夕法尼亚大学

　　人们常说，天才就是永无止境刻苦勤奋的能力。这里，我们应该补充说一句，这种能力来自对未知世界永恒追求中产生的兴趣。奥地利诗人里尔克曾经一针见血地告诫人们：假如你觉得自己的日常生活很贫乏，不要去指责生活，而应该指责你自己。自然界对于每一个人都是公平的，关键在于，你要培养像富兰克林那般炽热的兴趣。

长袖善舞的科技企业家

要估计科研费用的精确收益是不可能的，基本科研需要相当长的时间才能使其成果具有商业上的价值。

——贝尔纳

我们要坚持一要吃饭，二要发展的原则。

——陈云

在富兰克林生活的时代，技术还因有益于人们的生产生活而对研究者有所回报，至于科学则纯粹是"异想天开"的做法，它不能给人们带来什么直接好处。

科学研究需要耗费金钱，耗费用金钱也买不来的时间，有金钱而没时间或有时间而没金钱都不可能从事科学研究，当然最关键的是还要有一个聪慧无比的大脑。

富兰克林是怎么具备这一切的呢？

富兰克林具有一个聪慧过人的头脑，训练这个头脑的不是喋喋不休地劝学的教师，而是持之以恒地读书，读书通常像催化剂一样，可激活人的智慧。记住，人的聪明和智慧的程度是同他的读书量成正比的。古人早就意识到了这一点，因此他们才说，开卷有益。

另外，富兰克林充分运用他睿智的大脑，通过对印刷业、出版业以及涉及文化信息业的经营管理，在经济上引进了优势的因素，进而获得大量的财富，以保证科学研究得以成功地进行。

富兰克林印刷所是为18世纪美国科学下出了金蛋的宝鸡。起初，富兰克林面对四五家印刷同业的竞争，他在印刷质量、交货时间和服务方式等方面进行不懈努力，加上成功地引进了铸造铅字而降低了成本，富兰克林站稳了脚跟。

→富兰克林式火炉

在大力进行企业内部挖潜增效之后，小小印刷所达到了其技术支撑所能允许的程度和高度：承印州政府的钞票。印制钞币是富兰克林管理的印刷所达到最高水平的客观标志。然而，管理有方的一个印刷所的收益，也还是不能使富兰克林成为富裕无忧的科学研究者。仅1762年，富兰克林为了与欧洲科学家书信交流科学研究成果，就花费了二十多镑，相当于普通工人两年的工资，因此，没有雄厚的经济实力是根本不可能进行科学研究的。

只有精明加刻苦勤劳才能解决这些困难。富兰克林很善于从生活中发现新的办法。1733年，为了开展业务，富兰克林派印刷所的一名工人到南卡罗来纳的查理斯敦去开办一家印刷所。富兰克林提供给他一台印刷机和一些铅字，并签订了第一份合伙合同，按照合同规定，他承担那里营业的1/3的费用，也获得1/3的盈利。这名工人不懂会计，尽管有时他汇款给富兰克林，但从来不曾向富兰克林报告其收支账目。这人死后，他的遗孀继续经营那家印刷所。这是一位精明的妇女，她不但将以往的收支情况加以清理，制出一份账目，向富兰克林做了汇报，而且以后每季度按时寄去十分准确的报告。她管理业务很成功，使富兰克林获得了稳定的收益。她将子女抚育成人，并在合伙

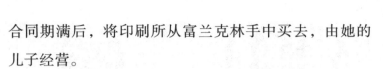

合同期满后，将印刷所从富兰克林手中买去，由她的儿子经营。

在南卡罗来纳合伙经营的成功，给富兰克林的鼓励很大，他发现这种承包经营方式很有利于经济发展，他便在其他地区开办分店。1742年，富兰克林与他的一个帮工詹姆斯·帕克尔也签订了合伙经营的合同。由富兰克林提供设备运至纽约，并对在那里的经营提供1/3资金，分享1/3利润。其他全权交由帕克尔在那里发展业务。帕克尔接办了别人的《纽约杂志》，成为纽约州政府的承印商、耶鲁学院的印刷商。富兰克林并不是一个贪婪的资本家，他经过仔细研究，决定把这种模式扩展开来，因此平时注意选择精明能干、诚实可靠的合伙人，兴办了一系列合伙企业，先后在纽约、波士顿、新港等地开办印刷所，后来又在中南美洲的安提瓜、多米尼加、牙买加等国进行合伙经营。这时的富兰克林已经具有了现代企业投资家的雏形了。

富兰克林长袖善舞，长于经营，主要体现在他有识人之眼，任人唯贤。富兰克林在费城的印刷所里有一个名叫大卫·霍尔的印刷工，他勤劳质朴同时又很有头脑，富兰克林处处栽培他，耐心地教他会计、成本核算，放手让他管理，结果霍尔很快成为富兰克林的左膀右臂。当富兰克林因事外出时，他一个人可以

↑富兰克林的电学实验图（左）和第一台发电设备（右）

独当一面，把业务搞得红红火火。富兰克林于1747年
与大卫·霍尔也签订了合伙经营的合同，彻底把费城
印刷所交给霍尔经营，自己则专心于研究和从事公职
活动。

　　霍尔在长达18年的合伙经营期间，先后推出了一
系列畅销印刷品包括《穷理查历书》修订本、《单页年
历》《帕米拉》等，其中《帕米拉》是整个美洲出版的
第一部长篇小说。霍尔每年为富兰克林提供了近500
英镑的收益。

　　富兰克林采取的承包经营方式是现代所有权与经
营权两权分离的早期探索，这种体制使富兰克林的位
置类似于企业的董事长，他的合伙人相当于经营者。

↑与富兰克林名字紧紧联系在一起的美国第一个医院

这种经营方式直到20世纪30年代出现大规模股份公司以后才逐渐流行起来。富兰克林长期受惠于这种经营方式，他只需花很少的精力和时间于印刷事务性工作。这一方面使他成为真正的出版商，另一方面又使他有大量时间从事其他工作。

他在经营方面取得的成功为他一生中其他重大成就的取得奠定了坚实的基础。

另外，富兰克林仿佛是以信息产业的观念来看待传统印刷业的，因此用现代意义的词语来描述就是，他是一个成功的科技企业家。

不花一分钱的欧洲"留学"

> 平心而论，近代科学技术主要是欧洲
> 文化及文明的产物。
>
> ——汤因比

富兰克林的一生中最宝贵的时光是在文化发达、经济繁荣的欧洲度过的，这使得他能够"留学"欧洲，而且还没有为此交纳一丁点学费。

在18世纪，欧洲和美洲之间的联系仅仅依靠漂泊不定的远洋帆船的运输，每次远渡重洋，不仅旅费昂贵、时间漫长，而且屡受海盗、暴风巨浪之苦，所以往来一次极为困难。

富兰克林一生多次往来欧美、横跨大西洋。他第一次横越大西洋先后用了两个多月的时间，来到当时世界经济文化中心——伦敦，他以打工的形式，饱学印刷技术后返北美殖民地，成为全北美的一流印刷技工。回程时，又足足用了长达两个半月的时间，他过怀特岛新港，旅朴次茅斯沼泽湿地，观大西洋无数景物，这一次欧洲之行，开阔了富兰克林的眼界，使他从一个涉世未深的少年变成了一个颇有见识、眼光开阔的青年专业技工。

　　1757年，新英格兰的民众和持有英王颁发特权的"业主"发生激烈矛盾，体现在州长和州议会之间的激烈斗争中。富兰克林作为宾州议会代表赴英国伦敦请愿，反对业主在殖民地的免税特权。经过一个多月的时间，富兰克林父子在英国南部海港登陆，直奔伦敦。

　　在伦敦期间，他与欧洲科学界的名流们交流了他在电学上的重大发现，在对电的本质的认识方面有了

→富兰克林在费城居所旧址

进一步的提高。发明了"节柴灶"和"玻璃琴",成了名震欧洲的人物。

在欧洲小住一下就是五年多的时间,他接受了多达五六项名誉学位,成了民法博士、科学院的外籍院士,称得上是载誉而归。在这段时间里,值得一提的是,他结识了伟大的科学家约瑟夫·普利斯特列。

普利斯特列由于其出色的科学研究,于1767年当选为伦敦皇家学会会员,后来还被授予哲学博士学位,他为了深入研究电学,主动前往请教富兰克林,他欲撰写《电的历史》的想法得到了富兰克林的赞同。富兰克林对年轻的博士的才学也十分欣赏,两人非常投机,大有相见恨晚的感觉。

在富兰克林的帮助下,《电的历史》二卷本先后出版,并且受到学术界的好评。

普利斯特列博士传授他最拿手的化学研究内容给富兰克林;而富兰克林除了介绍电之外又对北美洲情况大加褒扬。他侃侃而谈,不觉之中使年轻的博士也爱上了北美。后来,当一些宗教迫害狂袭扰普利斯特列时,他毫不犹豫地移居美国。

1762年,富兰克林返回费城。费城人埋怨富兰克林不该那样静悄悄地回到城里,否则,他们会以500骑的骑兵方阵来迎接他。

　　两年以后，富兰克林又奉宾州议会之命赴伦敦，再一次离开了自己的家。

　　1764年，在宾州300位朋友骑马的护送下，富兰克林到距费城二十多千米的切斯特搭船前往英国。行前他劝妻子一同前去，可她不愿远渡大洋，谁知富兰克林这一去便去了10年，这一别竟成了永诀。

　　富兰克林从11月17日登船，一路顺风，12月9日在英国上岸，开始了10年侨居英国为美国独立而东奔西走的生活。

　　富兰克林在英国为美国的诞生做了大量的工作，他亲自参与了废除印花税、反对业主苛政、殖民地联合的许多重大历史事件。他首次出访法国，在法兰西大地上掀起了"电学热"和"避雷针热"。当时，避雷针之父到达法国引起了全社会的轰动，不仅法国皇帝与王后恩宠有加，而且市民也倍感荣光。当时巴黎女装的帽子最时髦的，就是避雷针式。富兰克林成了他同时代人崇拜的偶像。

　　富兰克林在巴黎结交的最重要的朋友，是一位伟大的经济家——弗朗索瓦·魁奈。魁奈是近代经济学发展史上一位十分重要的人物，他是重农主义学派的鼻祖之一，对后来的经济学发展具有重要的影响。

　　富兰克林向魁奈学到了许多以往不曾知道的经济

↑富兰克林于1737年出任局长的费城邮局旧址

学以及社会学的理论，他发现自己心中杂乱无序的经济见解在魁奈他们那里成了一个体系，为他解释社会现象、解决棘手的社会问题提供了许多启发。

魁奈也从富兰克林那里学到了许多知识，他盛赞富兰克林是关于美洲情况的活档案，看来魁奈的学说也受到富兰克林的影响。

有一次，丹麦国王到英国访问，还专门邀请富兰克林共进午餐，交流电学的情况。

在英国的数十年交游，富兰克林结识了不少名士贵胄，更在英国乃至欧洲的学术圈子里广交了朋友，这既提高了他的社会知名度又增长了才干，相当于在英国"留学"10年。

当得知妻子去世的消息时，他决定返回美洲。在离开伦敦登船时，普利斯特列等英国科学界的友人们一送再送，普利斯特列博士流下了依依惜别的热泪……

处理完亡妻的后事，富兰克林又投入到争取美国独立的斗争中去了。

起草签署完伟大的《独立宣言》以后，为了争取以法国为首的其他国家对美国独立的支持和援助，富兰克林再次出使欧洲，前往法国巴黎。

经过一个月的航行，富兰克林抵达法国布列塔尼海岸的基伯伦港，开始了以科学家身份担任外交家职业的漫长的10年生活。

→富兰克林指挥建造的纳登赫特堡垒

科学家的外交责任

> 科学技术是没有国界的事物，但是从事科学技术的人是有自己的祖国的。
>
> ——富兰克林

时势造英雄。

富兰克林通过研究科学影响了整整一个时代，时代也提供了让富兰克林充分展示其过人才华的广阔舞台，事实上也塑造了富兰克林。

由于宗主国英国的横征暴敛和残酷统治，北美殖民地的人民终于举起了抗英独立的大旗。富兰克林居留伦敦十余年，也看清了英国统治者的真面目，回国后立即参加了美国独立运动，亲自参与起草签署《独立宣言》。当时，具有实力能够和英国抗衡的国家就是法国，美国独立受到英国的封锁，为了打破僵局维护美国的自由和独立，大陆会议决定派富兰克林出使法国。法国为了扩大贸易，打破英国对北美洲的垄断地位，也表示愿意支持美国独立，条件是美国独立以后，将贸易权交给法国。

富兰克林出使法国的任务是极为艰巨的，又要获得法国的支持，又要尽量少损害美国的利益，这不亚于一道科学难题。为了国家的利益，为了民族的未来，富兰克林放下了正准备完成的科研问题，又一次来到了欧洲，又一次踏上了塞纳河畔的街石……

　　热情奔放的法国人像迎接英雄凯旋般地欢迎富兰克林，一时间，希望得到富兰克林的签名成了一种时尚，避雷针式帽子再度流行起来。

　　然而，法国政府在和美国政府的交往中，更多考虑的是利益。从17世纪末到18世纪中叶，英法两国始终是敌对的双方，两国在欧洲、北美和印度都发生冲突，经过7年时间，法国战败，英国因此夺取了法国原来势力范围内的殖民地，包括法属加拿大和密西西比河以东的大量殖民地，排挤了法国在印度的势力，使法国对外侵略的力量大大削弱。同时，英国同西班牙、荷兰的矛盾也很尖锐。这三个战败国都对英国耿耿于怀，一直伺机反扑。

　　富兰克林旅法期间，正是20岁的路易十六法王登基执政期，他一方面想恢复法国昔日同英国平起平坐的荣光；一方面又不是一个励精图治的好国王。他办事优柔寡断，有时又刚愎自用。最后，法国大革命期间，他死于罗伯斯庇尔为代表的法国巴黎人民之手。

←富兰克林在伦敦时的住所

富兰克林开始是以大陆会议使节的身份在法国活动，后来又被任命为美国驻法国全权大使，这使他的责任更显得异常重大，仿佛系美国安危于一身。

由于欧美之间距离遥远，一封信最快也要一个月，

→富兰克林在同团战友中享有很高威望

再加上英国派出的密探、间谍、造谣者以及美国国内效忠英王派的干扰，富兰克林工作起来十分困难。他历尽千辛万苦，终于在旅法的第3年，促成了美法同盟，最后迫使英国承认了美国13个州的独立。

富兰克林赴法担任使节期间，还结识了伟大的启蒙主义思想家伏尔泰。他们的相识成为近代科学与人文两大学科体系相结合的一大盛事。

伏尔泰是在阔别巴黎28年后回来度过他生命中最后一段日子的，此后他只活了4个月。富兰克林听说伟大的伏尔泰回到了巴黎，便登门拜访。伏尔泰会见富兰克林时，坚持说自己能讲富兰克林使用的英语，表现得极为谦逊。

伏尔泰与富兰克林的正式会见是在法国科学院的会议上。那一天，两位学者、科学家一见面，先是相互鞠躬、问候，然后紧紧握住了对方的双手。旁观者静静地注视着这一切，继而，人群中腾起了一片热情的呼声，有人高声说道，"按法国方式拥抱!"于是，两位年迈的学界伟人紧紧地拥抱了，相互亲吻对方的面颊，观众予以热烈的掌声……

那暴风雨般的掌声，象征着人们对知识创造者、自由追求者的敬意，象征着社会给予不息奋斗者和勇敢向生活挑战者的荣誉。

←富兰克林用手指触摸旋转的玻璃杯弹奏玻璃琴

接踵而至的荣誉

有德行的人们应该去服务于公众，报效于国家，这样才能保证公众福祉、国家利益不受损害，一个人才有价值。

——富兰克林

荣誉往往是衡量一个人成就大小的标尺。刻意追求荣誉的人往往名落孙山，执意热爱生活、勇于勤奋探索的人往往受到荣誉的垂青。

由于富兰克林的天赋加勤奋，荣誉如影随形。孩提时代，在学校里他刻苦学习，仅仅在校读书不到一年，便从一年级的中等生跃为全年级之冠，并提前升入二年级，受到了校长的表扬。这是富兰克林人生接受到的第一次荣誉，它清晰而又实在地向富兰克林传递了这种信息：赶超别人、争上游是赢得别人尊重的途径。从这时起，富兰克林形成了一个伟大人物必备的心理基础——不干则已，干就干最好的。

富兰克林辍学时含着眼泪离开学校走进了父亲的小作坊。然而一旦学习技术他就刻苦钻研，加上父亲

↑英国皇家学会授予的科普利金质奖章

教育有方，使小富兰克林进步很快，两年中，父亲带他到细木匠、泥瓦匠、镟工、铜匠铺等去串门观摩，帮他们做活，还打发他去学一段制刀技术，这些使富兰克林对各种零活都能有所了解。他还在家里做了一些小小的机械实验。这一切使聪颖的富兰克林自幼就具备了动手能力，这种能力同勤于动脑一结合，赢得了荣誉女神的青睐。

在后来的人生实践中，不论是做印刷工、管理者、政客或是科学家，富兰克林都保持了思想与行动并举的特征。

在同哥哥詹姆斯学习印刷技术时，富兰克林认真工作的同时如饥似渴地学习，他曾经尝试过写诗，在哥哥的怂恿下写了两首诗，其中一首诗为"灯塔的悲剧"，叙述一位名叫华萨雷的船长和他的两个女儿沉船

→富兰克林在推销自己的诗《灯塔的悲剧》

遇难的真实故事，诗歌以幼稚而真实的笔调打动了读者，在富兰克林沿街兜售过程中，这首诗销路很好，并且一再加印。

第一次滞留伦敦一年半的期间，富兰克林不仅全面掌握了印刷的各种工艺技术，成为印刷业熟练的技工，还掌握熔铅铸字、刻模制版等高级技术。富兰克林的印刷业务发展畅顺是与他技术精湛分不开的。

所谓荣誉就是社会对一个刻苦工作的人的客观回报。

当1748年富兰克林雇用了哈利·霍尔为工头和合伙人之后，他便从商务活动中脱出身来专心进行电学实验，随即在电学领域取得了巨大的成就，发明了誉

满世界的避雷针。

1753年7月，哈佛大学鉴于"富兰克林在文化、出版、报刊等方面的贡献"授予他名誉文学硕士学位。耶鲁大学、威廉学院和马利学院也授予他文学硕士学位。

1753年11月30日，英国皇家学会"以其神奇的电学实验和观察"授予他歌德弗雷·科普利爵士金质奖章。1758年，富兰克林赴英国请愿期间，2月12日圣安德鲁大学授予他法学博士学位；同年晚些时候，他到苏格兰旅行，爱丁堡市授予他市议会议员和同业公会荣誉成员。由于富兰克林旅英期间担任了宾州驻英代理人，所以在英国呆了10年，才返回北美。

全世界著名的牛津大学授予富兰克林民法博士学

←富兰克林雕像

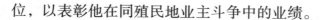

位，以表彰他在同殖民业主斗争中的业绩。

德国皇家科学学会选举富兰克林为其会员，并邀请他前往哥廷根出席学术会议。

1772年8月，也就是富兰克林旅法的第六年，富兰克林被法国皇家科学院接纳为"外国院士"。

富兰克林旅英期间，为了北美殖民地人民的利益，不屈不挠有礼有节地同宗主国英国政府进行斗争，启蒙了北美殖民地人民的独立觉悟。在欧洲，他结识了一大批终生不渝的朋友。

在妻子去世的情况下，富兰克林回到了阔别10年的故乡，立即参加了反对英国宗主国统治，争取美国独立的斗争。他参加大陆会议，参与起草《独立宣言》，成为美国独立的缔造者之一。这是富兰克林一生获得的最高荣誉之一，历史证明他是一个伟大的科学家，同时又是一个伟大的开明的政治家。

为了争取世界各国人民对美国独立的支持，富兰克林于1776年奉命出使法国，一住又是将近10年，通过坚韧不拔的努力和斡旋，达成了美法联盟，最后迫使英国签订了《巴黎和约》，承认北美13州独立，全面完满地完成了赴法任务……

1783年，77岁高龄的富兰克林还入选为爱丁堡皇家学会会员。

......

富兰克林对荣誉极为淡漠，他曾经为自己写下过著名的"十三条戒律"：

1. 节制；2. 沉默寡言；3. 生活有秩序；4. 决断；5. 俭朴；6. 勤劳；7. 诚恳；8. 正直；9. 中庸；10. 清洁；11. 宁静；12. 贞节；13. 谦虚。

晚年时，他还回忆说自己的一切都应该归功于认真遵循了这些人生的戒律，他希望他的子孙中有人会追随他，以取得有益的效果。

← 「印花税」问题（油画）

现实生活中的二难选择

天行健，君子以自强不息；
地势坤，君子以厚德载物。
　　　　　　——古箴言
不选择，也是一种现实的选择。
　　　　　　——萨特

按照本杰明·富兰克林传记作家的惯常说法，他是18世纪美国的政治家、伟大的科学家，两者在富兰克林身体达到了巧妙的结合。

事实上，富兰克林在从事政治公共事务与科学研究的选择上，经常处于矛盾的状况即通常所说的"二难选择"的境况。

富兰克林最早自学掌握的主要是人文社会科学知识。他在从十几岁开始的学徒生活中，就阅读了著名哲学家洛克的《人类的悟性》、波尔洛亚尔的《思维的艺术》、色诺芬的《苏格拉底回忆录》等人文名著。

有一句西方谚语说：所谓名著就是人人皆知、虽不认真阅读却自以为知晓的东西。富兰克林却是认真拜读这些名著，留下了大量的读书笔记。为了写作，为了论辩，他潜心研究人文著作，打下了人文社会科学的扎实功底，为后来从事政治活动奠定了重要的基础。如果富兰克林是一个循规蹈矩的人，他将从此沿

←殖民地的民众为抗议印花税，架起火堆焚烧皇家印花。

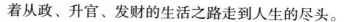

着从政、升官、发财的生活之路走到人生的尽头。

可是，从儿童时代富兰克林就形成了对未知事物倍感兴趣的强烈好奇心，这使他热衷向图书请教，从而打开了走向科学技术的大门。

富兰克林于1718年前后，学习了柯克的算术和欧几里得的几何学，掌握了从事科学研究所必备的初级知识。1724年冬天，他冒着严寒登上了欧洲大陆，来到了科学技术十分繁荣的世界，了解了欧洲人对待科学技术的态度，建立了初步的科学技术观。

在短短18个月的侨居英国的过程中，富兰克林结识了一大批博学多才的人士，富兰克林向包括莱恩斯大夫、伯纳德博士和彭伯顿博士等人学习自然、科学知识。聪明好学的富兰克林迅速掌握了牛顿力学、数理分析等学科的基本内容，这使得生活于穷乡僻壤的他能够同当时的欧洲学术界有共同的语言和话题，熟悉了欧洲同行自然哲学式的研究方法，特别是对观察方法有了相当深入的了解。

从伦敦返回美洲的过程中，富兰克林第一次独立地进行了具有首创意义的海上观测活动，上自云彩下至鱼虾水母，进行了客观的记录，此时的富兰克林尚未具有自己的固定职业，但在科学研究各领域却打好了一定的基础。

可以说，伦敦之行虽然没有见到著名的牛顿，富兰克林却概括地了解了牛顿分析方法的性质、特征和运用程序，并且小试牛刀，取得了令人比较满意的成效。

从20岁建立印刷所到40岁潜心研究之间的20年，富兰克林的主要精力集中于印刷所的业务管理和经营拓展。几经周折，富兰克林以技术服务于社会的目标初步实现了。由于吃苦耐劳，讲求信誉，注意经营管理，富兰克林不仅在印刷业的激烈竞争中站住了脚，并且把业务扩大到邻近几个州以及西印度群岛，成为北美洲印刷出版行业中的后起之秀。

在近代科学史上，一个科学家生存的首要条件是经济上富裕，有闲时、闲钱和闲心去从事科学研究。他们不是背后有一个慷慨大方的支持者，就是本人是

← 波士顿倾茶事件

一个富豪。从时间和金钱上说，科学技术一开始就是
"贵族化"的。例如，英国著名科学家波义耳就出身于
经济上极为富裕的家庭，他衣食无虑，不必为金钱的
事情操心，拿得出用于科研的经费。和富兰克林交往
甚深的法国著名科学家拉瓦锡，为了取得良好的科研
条件，不惜四处钻营，终于当上巴黎的征税官，通过
不正当手段为自己捞取了大量金钱，其中大部分都用
于科学研究及实验了。

　　富兰克林时代的科学家可以分为两大类，一类是
依靠祖传家业的富庶，而从事科学研究的人，如波义
耳、伏打、库仑等；另一类就是依靠个人奋斗获得宽
裕经济环境而从事科学研究的，如虎克、拉瓦锡、朗
伯、欧姆等。

　　富兰克林没有什么家庭经济背景，他必须依靠自
己的双手奋斗出一个较好的科研环境。这就构成了他
一生中一直在进行"二难选择"的主要原因。

　　1728年年初，富兰克林印刷所开张了。他开始了
作为一名手工工匠和商人的生涯。

　　1729年10月，富兰克林的《宾夕法尼亚报》开始
印行出版。

　　随后，富兰克林又开了一家小文具店。

　　1742年，富兰克林和他的一个帮工帕克尔签订了

一个合伙经营的合同，开拓纽约市场。由他提供设备，出资金，由帕克尔经营，利润分成，这种类似现代承包的经营方式，既扩大了富兰克林的经营规模和收益，

←富兰克林协助马斯·杰撰写《独立宣言》

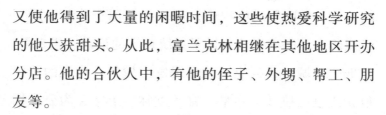

又使他得到了大量的闲暇时间，这些使热爱科学研究的他大获甜头。从此，富兰克林相继在其他地区开办分店。他的合伙人中，有他的侄子、外甥、帮工、朋友等。

他的最主要合伙人是费城的大卫·霍尔。在长达18年的合伙经营中，富兰克林每年可获得近五百镑的进项，这是不带任何水分的纯利润。

政治事务为富兰克林带来的不仅是权势，更有金钱。1747年，按照当时的标准，在宾州一个女仆的年薪是10镑，文书年薪25镑，学院的教师年薪60至70镑，著名教授亦不过100镑左右，首席法官年薪200镑，而一州之长年薪为1000镑。

富兰克林曾担任过一系列公职，从年薪500至600镑的北美邮政总代理，到年薪1000镑的州长。

1764至1774年，富兰克林担任了宾夕法尼亚、佐治亚、新泽西和马萨诸塞四州的驻英代理人，加上邮政长官的职务，年薪总和超过1500镑。个人的收支是没有危机了，然而总是认真做好每一件事的富兰克林却没有时间用于研究了。

1775年3月底，富兰克林在出使伦敦十余年、爱妻去世的情况下，由英国朴次茅斯登舟返美。在漫长难耐的海上旅行中，富兰克林又一次获得了宝贵的时

间。在6个星期的旅程中，前一半他用于公务，后一半他研究了海湾洋流，做了系统翔实的记录。当5月5日抵达费城时，列克星敦已爆发了战争，伟大的美国独立战争已拉开了序幕，富兰克林一上岸又为公务忙得不可开交。关于海湾洋流的研究结论延迟了将近十年后才有时间整理……

试想，如果富兰克林具备了科学研究的基本条件之后，把花在政治上的大量时间用于科学研究，美洲和世界的科学将会有多么大的进步呀！

从事科学研究和从事政治活动像是一对难以互容又难以割舍的东西，一直困扰着富兰克林，让他难以作出选择。

这也是富兰克林长期苦恼于心的重要原因，热爱科学使他愿意为探索未知世界而奉献一切，热爱为公共福利做工作又耗去他大量的金钱和时间。直到1788年富兰克林退出政治生活时，他才高兴地说："我有足够的时间去研究我喜爱的问题了！"此时，富兰克林已经82岁高龄。

然而，上帝给他的时间又不多了。

人们应该知晓，人生永远面临着像富兰克林一样的许多"二难选择"，只有正确地处理好这些矛盾性的关系，才能走出一条人生的辉煌之路。

辉煌的人生苦旅

浮光只图炫耀一时，
真品才能传诸后世。

——歌德

任何东西不论其如何的伟大和辉煌，
一切人也总会逐渐地放弃他们对它的惊奇。

——卢克莱修

时间，像是一个硕大无朋的中国套箱中的筛子。它可以逐渐地筛滤去人类社会发展中的许多事情，且不管这些事情当时多么的辉煌，也不论人们曾经怎样为这些事情捶胸顿足或指天盟誓永不忘却。

然而，总有一些精神真品能够经受岁月的磨蚀而保留其过去的亮丽，为后世提供一些启示和指引。

回顾本杰明·富兰克林的一生，一方面让人们重温那像牛仔一样豪放不羁的科学时代，另一方面又能让浮躁的当代从中回味一些东西，反思一些内容。东西方的哲人异口同声地认为，历史是"向后看的先知"，见微知著，察往鉴来，一切永远没有尽头……

←第一届大陆会议

　　那是1785年，富兰克林确实感到自己老了。这一年他已经79岁了，他刚刚从喧闹不已的欧洲返美，以前下了船只需睡上一觉就可以精神抖擞地投入工作，而这次在万众欢呼声中走下航船后，休息差不多一个星期了还感到疲劳，看来不服老是不行了。

　　回到费城后还不到一个月，就是宾夕法尼亚州议会选举的日子，德高望重的富兰克林又被选入了州参议会，并当选为参议会主席，几天以后79岁的富兰克林又当选为宾夕法尼亚州州长。

　　富兰克林在执政之余仍然热衷的是进行一些发明和研究。由于年老，富兰克林同研制汽船的项目失之交臂。

　　事情是这样的：那是他从欧洲回来将近半个月的

一天，一个自称约翰的年轻人，带着他的汽船模型和工艺图纸来见富兰克林，请求他鉴定应用价值。但是富兰克林身体欠佳，对汽船不感兴趣。此时比富尔顿研制成功蒸汽轮船早大约二十多年。第二年，年轻气盛的约翰·菲奇再次拜访富兰克林，恳请他资助建立一家生产汽船的工厂。然而，富兰克林再次拒绝了年轻人的请求，只是拿出五六个美元作为象征性的资助。

作为年迈的科学大师，犯上述错误并非绝对不可以原谅的。一个人不可能永远不犯错误。不过，我们必须对此有一个原则：对待前所未有的新事物，永远要抱着宽容和谅解的态度，保持一种开放的心态，不要轻易加以否定。

晚年的富兰克林还注意进行了一些日常生活用品的发明创造。一方面解决自己的困难，另一方面造福人民。由于年事已高，像以往那样登高取书已经很费气力了，想到将有许多人受此困惑，勤于动脑动手的富兰克林发明了高书架半自动式取书器，读书人借助这套由连杆和机械关节组成的装置，坐在书桌旁就可以方便灵活地取书了。

老年人读书戴眼镜十分不方便，看近处和远处的东西需要带两副眼镜，富兰克林自己就身受其害，经过苦苦思索，他研制成功了双焦距眼镜，十分类似今天的两镜片上下对称式的老花镜。

由于富兰克林热爱科学，进行了一系列卓有成效的发明创造，虽然他仅读过两年书，却被英国的牛津大学、爱丁堡大学、圣安德鲁大学以及美国的哈佛大学、耶鲁大学等六七所大学授予荣誉学位。

直到80岁，富兰克林都是以宾州或费城议员的身份参与公共事务，不论是参加"大陆会议"或是驻法担任使团负责人，都是如此。

富兰克林一直为建成一个繁荣的费城而自觉地工作，他先后担任宾州议会文书、费城联合救火队队长、费城邮政局长、费城警务负责人、费城国民自卫队负责人、宾州议会议员、宾州出席殖民地会议代表、宾州议会赴伦敦请愿代表、宾州议会驻法国代理人、佐治亚州代理人、马萨诸塞州代理人、北美殖民地大陆会议代表、宾州治安委员会委员等地方政府职务……

《独立宣言》颁行天下以后，富兰克林进入了美国政界，先后担任过美利坚合众国邮政总长、驻法国大使，为资产阶级政府效力。

1787年3月28日，富兰克林当选美国制宪会议的代表，为美利坚合众国宪法催生发挥了重大作用。富兰克林提出的两院制的建议，得制宪代表的认可，成为现行美国政治体制的最初框架。

　　签署完美国宪法之后，富兰克林又投身到家乡的现实生活中来，但此时的富兰克林已经久病缠身，长期为痛风病所困扰，1788年，富兰克林从三届连任宾州州长的职务上离任，结束了他长达六十余年的政治生活。这一年夏天，富兰克林立了遗嘱，他把财富的相当一部分拿出来捐献给他终身为之奋斗的公益事业。

　　富兰克林从政治生活中引退以后，积极地参加废奴运动。尽管富兰克林也曾拥有过奴隶，也曾替人登广告出售奴隶，但他早在18世纪50年代就从经济上指出了奴隶制度的弱点。最终资产阶级民主主义意识使他走上废奴运动的启蒙者的道路，年迈的富兰克林还撰文批驳奴隶制度。

　　当杰斐逊、林肯等人接过富兰克林递来的废奴火炬，并最终为废止北美的黑奴制度贡献出力量时，绝大多数人往往追溯到睿智的富兰克林。

　　1790年1月17日，富兰克林全家庆祝了老寿星84岁诞辰。这是富兰克林度过的最后一个冬天，他是在亲人们的呵护中度过的。他的女儿萨拉和孙女黛博罗轮流照顾他，帮助他战胜病魔。

　　3月份，宾夕法尼亚的大地已经能够感受到春天的脚步声了。杰斐逊在赴联邦政府国务卿之职的途中，特意到费城看望富兰克林，希望春天能够为他带来好运，带来健康。

春天终于姗姗来迟了一步。4月17日，富兰克林在费城自己家中溘然逝去了，享年84岁。第二天，费城市政厅及宾夕法尼亚州政府相继得到噩耗，立即决定为富兰克林举行公开的葬礼。

4月21日，费城人民为自己伟大的儿子举行了隆重的葬礼，各界代表及居民共两万多人参加了出殡队伍。费城港码头上的所有船只下半旗志哀，教堂钟声长鸣，国民自卫队鸣炮致敬……

4月22日，美利坚合众国政府、参议院动议为富兰克林的逝世服丧一个月以示哀悼；6月11日，远在大西洋彼岸的法国议会得知富兰克林逝世，经过动议决定为其哀悼三天。

富兰克林一生热爱印刷这个传播文明和知识的工作。他的墓碑上只刻着"印刷工富兰克林"几个大字。

富兰克林年表

1706年　出生于北美马萨诸塞的波士顿城一小商
　　　　人家庭。

1714年　进语法学校学习。

1716年　中断学业，帮助父亲工作。

1718年　始做其兄詹姆士的学徒，从事印刷业。

1721年　开始匿名向《新英格兰报》投稿，并做
　　　　过该报临时编辑。

1723年　毁学徒契约，徙往费城，当印刷工。

1724年　为独立开业赴伦敦居19个月，当印刷工；
　　　　发表论文《自由与贫困，快乐与痛苦
　　　　论》。

1726年　返回费城，先当店员，后当印刷所工头。

1727年　创办"共读社"，研究社会科学、自然科
　　　　学的各种问题。

1728年　和人合开印刷所。

1729年　创办《宾夕法尼亚报》；开办文具店；出版
　　　　《试论纸币的性质和必要性》。

1730年 和黛博拉·里德结婚；其子威廉出生。

1731年 创办费城图书馆。

1732年 出版《穷理查历书》创刊号。

1733年 开始自学法语、意大利语、西班牙语和拉丁语。

1736年 担任宾夕法尼亚州议会文书；组建费城联合救火队。

1737年 就任费城邮政局长；改革费城警务。

1740年 发明"开炉"。

1743年 女儿萨拉出生。

1744年 创办"美洲哲学学会"，自任秘书。

1746年 发表《平凡的真理》；组建费城的国民自卫队。开始电学实验。

1747年 通过各种电学实验，在电学理论上作出重大突破。

1748年 改印刷所为合伙经营；当选宾州议会议员。

1749年 创办费拉德尔菲亚学院。

1751年 帮助创办费城医院。

1752年 作天电传蓄试验—费城电风筝试验；发明避雷针；《电学实验与观察》被发表。

1753年 因电学研究成果获英国皇家学会的科普利

金质奖，被推举为皇家学会会员；被耶鲁大学、哈佛大学授予硕士学位；与人合任北美邮政总代理。

1754年　作为宾州代表出席在奥尔巴尼召开的殖民地代表会议，提出著名的"奥尔巴尼联盟计划"。

1755年　任费城国民自卫军指挥官。

1757年　发表《致富之路》(《老者亚伯拉罕的讲话》)；在议会提案铺设费城街道；作为宾州议会代表赴英请愿，反对业主在殖民地的免税特权。

1759年　被安德鲁大学授予荣誉博士学位。

1760年　通过努力使英国王室枢密院决定，殖民地业主的产业必须同样纳税。

1762年　发明玻璃琴，流行欧美数十年；被牛津大学授予民法博士学位；返回费城；其子任新泽西州长。

1763年　巡视北部殖民地邮政，开始改革邮政；反对屠杀一切印第安人，撰写《近来兰开斯特郡一些与本省友好的印第安人惨遭来历不明的人屠杀》的实录，及关于这种事情的意见。

1764 年　在宾州议会选举中败于激进派；作为宾州议会代理人赴英请愿，反对业主劣政。

1766 年　在英国下院为废止印花税事答辩，促进了印花税法案的废除；出访汉诺威；当选汉诺威皇家科学学会会员。

1767 年　初次旅法，受法王接见；受命再任宾州议会代理人；开始筹划实现美洲殖民地西部领土计划。

1768 年　受托担任佐治亚州议会代理人；发表《1768 年前美洲人不满之原因》；做关于船速在深水、浅水中变化的实验；开始研究语音学和拼写改革。

1769 年　受托担任新泽西州议会代理人；再次访法；出版第 4 版《电子实验与观察》，增加了《哲学题目信件集》。

1770 年　受托担任马萨诸塞州议会代理人；发表讽喻英美关系的《鹰与猫》等寓言三则。

1771 年　游历英伦三岛；访泰福德的希普利主教；开始写自传。

1772 年　当选法兰西皇家科学院"外国会员"；避

雷针尖头、钝头之争。

1773年　发表《普鲁士王之敕令》；《电学实验与
　　　　观察》法文版出版；做用油平海浪实验；
　　　　研究感冒病因。

1774年　"赫金森信札"事发，被解除北美邮政
　　　　总代理之职；结识并介绍托马斯·潘恩
　　　　赴美；开始和几方面英国政要共同作调
　　　　和英美矛盾的努力；第5版(最后一版)
　　　　《电学实验与观察》出版；用油平息海浪
　　　　的实验报告发表；妻子黛博拉逝世。

1775年　向英呈交《调回驻波士顿驻军的方案》，
　　　　遭到拒绝；返回费城，途中研究海湾海
　　　　流；当选北美殖民地第二次大陆会议代
　　　　表；担任宾州治安委员会委员；和潘恩
　　　　共同起草宾州宪法；和儿子、加洛维分
　　　　道扬镳。

1776年　参加起草《独立宣言》，宣言通过后，任
　　　　美利坚合众国邮政总长；当选宾州制宪
　　　　委员会主席；参加同英国将领豪的会谈；
　　　　奉大陆会议派遣出使法国；途中研究海
　　　　湾海流。

1777年　继续从事电学研究。

1778年　缔结《美法友好通商条约》和《美法同盟条约》；同伏尔泰会见；发表关于北极光的论文。

1779年　受命任驻法全权大使；出版《政治、哲学论文杂集》；发表改革了的字母表。

1780年　德文版选集(三卷)出版；发明双光眼镜；研究空气湿度。

1781年　成为波士顿的"美洲科学艺术学会"会员。

1783年　英美缔结《巴黎和约》，英国承认北美13州独立；入选爱丁堡皇家学会会员。

1784年　发表《移居美国须知》《评北美洲野蛮人》。

1785年　返美当选宾州州长（1785—1787年三年连任）；发明高架取书器；重续自传(1785—1786年)。

1787年　参加联邦宪法会议，促成宪法通过；"政治研讨学会"成立，担任会长；担任"宾夕法尼亚促进废奴协会"主席。

1788年　退出政治生活，立遗嘱。

1789年　撰写《关于奴隶贸易》。

1790年　逝世于费城（4月17日）。